중국사람 이야기

# 중국사람 이야기

## CHINESE STORY ON
## MONEY&
## BUSINESS

김기동 지음

책들의정원

# 중국에 대한
# 오해와 이해 사이에서

## 드디어 '소비'를 시작한 중국사람

1992년 한중수교 이후 중국은 한국 제품과 부품을 생산하는 제조 공장이었다. 2017년 현재 중국의 기술 수준이 발달하고, 중국사람의 생활수준이 높아지면서 중국은 더 이상 한국 제품과 부품의 생산지가 아니다. 최근 중국 정부는 국내 내수를 늘리기 위해 소비를 촉진하는 여러 정책을 시행하고 있다. 한국과 달리 중국 정부는 수출보다는 국내 소비를 늘려서 경제를 성장시키려 한다. 그래서 중국 언론 매체, 특히 텔레비전 방송에서는 매일 국민에게 '많이 놀러가고 상품을 많이 구매하라'는 홍보 방송을 한다. 이런 중국 정부의 노력으로 2016년에는 중국 국내총생산GDP에서 내수가 차지하는 비중이 64퍼센트나 되었다.

그러니까 이제 중국사람들이 본격적으로 소비를 하기 시작한 것이다. 그래서 최근 한국 기업과 사업가들은 이런 기회를 놓치지 않기 위해, 중국 마케팅을 위해 중국 소비자 맞춤 콘텐츠를 제작하여 온라인과 오프라인 매체를 이용해 한국 상품을 광고한다. 중국 소비자가 공감하고 흥미를 느끼는 콘텐츠를 만들기 위해서는 중국을 알고 중국사람을 이해해야 한다. 이제부터는 한국에서 잘 팔리는 상품을 중국에 수출하는 것이 아니라, 처음부터 그들만을 위한 상품을 만들어야 한다. 중국 소비자를 겨냥한 상품을 만들려면 당연히 중국 소비자를 알아야 한다. 그리고 중국 소비자를 아는 일은 중국 보통 사람을 이해하는 데서부터 출발해야 한다.

## 무단횡단 하나에도 논리가 있다

우리는 그동안 겉으로 드러나는 모습만 보고 중국사람을 판단했다. 중국사람이 왜 그렇게 행동하는지에 대한 이해는 부족했다. 한국사람은 중국사람이 교통질서를 지키지 않는다고 말한다. 차가 쌩쌩 달리는 큰 도로에서는 중국사람도 목숨을 걸면서까지 무단횡단하지 않는다. 하지만 차가 없는 작은 도로에서는 바로 옆에 횡단보도가 있더라도 스스럼없이 무단횡단한다.

중국 친구에게 왜 그러느냐고 물어보면 나름 논리적인 이유를 제시하며 반박하기 힘들 정도의 답변을 내놓는다. 첫째, 작은 도로는 차가 많이 다니지 않기 때문에 차가 없을 때 도로를 건너면 횡단보도까지 가는 데

걸리는 시간과 횡단보도에서 신호등을 기다리는 시간을 절약할 수 있다고 한다. 둘째, 도로에 차가 없었기 때문에 차량 통행에 어떤 지장도 주지 않았고, 또 자신이 도로를 건너는 행동이 주위 사람 누구에게도 피해를 주지 않았다고 한다. 결론적으로 '남에게 어떤 피해도 주지 않고 시간을 절약하는 이익을 얻었는데 얼마나 합리적이냐'는 이야기다. 그 후부터 필자는 중국 친구가 도로에서 무단 횡단을 하면 교통법규만 이야기하지, 논리적으로 이해시키려 하지 않게 되었다.

중국에서는 식당에서 술을 마실 때, 손님이 술을 직접 가지고 간다. 그러니까 중국 식당에서는 안주만 파는 셈이다. 한국과 달리 중국에서는 손님이 식당에 술을 가지고 가서 마시는 것을 손님이나 식당 주인 모두 당연하게 여긴다. 중국 친구에게 식당 주인도 먹고 살아야 하는데, 식당에서 파는 술을 마시는 게 좋지 않냐고 물어보면 중국 친구는 전혀 예상치 못한 답변을 한다. '중국에는 가짜 술이 많기 때문에 중국사람은 식당에서 파는 술이 진짜인지 가짜인지 믿지 못한다'며 그러니 자신이 오래 거래해서 신뢰할 수 있는 가게를 통해 술을 구매한 후 가지고 다니면서 마신다고 한다. 그 이야기를 들은 다음부터 필자도 식당에 갈 때 술을 가지고 간다.

## '왜 중국사람을 상대하며 번번이 실패했을까'

필자와 중국의 인연은 10년 전으로 거슬러 올라간다. 필자는 은행에서 무역 업무를 담당했던 경험을 밑천 삼아 한국에서 중국으로 생활용품을 수출하는 사업을 하다가 실패했다. 7년 전 중국으로 건너와서 이번에는 한국 제품을 수입해 판매했지만, 역시 실패했다. 그 후 '나는 왜 중국사람을 상대하며 번번이 실패할까' 하는 의문이 생겼다. 그 이유는 아주 간단했다. 어린이도 본능적으로 엄마와 아빠가 무엇을 좋아하고 싫어하는지 알아채고, 그에 맞추어 행동한다. 필자는 중국사람이 무엇을 좋아하고 싫어하는지 전혀 모르는 상태에서 중국사람에게 물건을 팔려고 했으니 실패는 당연했다. 그래서 필자는 중국과 중국사람을 알기 위해 중국 친구를 사귀기 시작했다.

'중국사람의 사고방식과 행위양식은 이렇다 저렇다'고 알려주는 정보는 많다. 하지만 중국사람이 왜 그렇게 생각하는지 알려주는 정보는 적었다. 그래서 중국사람에게 이유를 물어보기 시작했다. 중국사람이 생각하고 행동하는 이유를 안다는 것은 중국사람을 이해할 수 있다는 것이다. 중국사람을 이해할 수 있다면 중국사람이 앞으로 어떻게 판단하고 행동할지 예측하는 데 도움이 된다.

중국과 관련된 일을 하는 한국사람은 "중국사람은 어제 한 말과 오늘 하는 말이 다르고, 과거에 했던 행동 방식과 지금 하는 행동 방식이 달라서 도무지 속을 알 수 없다"고 한다. 이런 인식 때문에 중국사람이 무슨 생각을 하는지, 앞으로 어떻게 행동할지 예측 불가능하다고 말한다.

중국사람은 맞닥뜨린 상황을 파악하고 대처할 때, 정해진 원칙이나 법칙이 없다. 그 대신 과거 5천 년 역사 속에서 유사한 사례를 찾는다. 중국사람에게 역사는 종교와 같다. 그들은 자기 혼자서 판단하기 어려운 일이 생기면, 항상 과거 사람들은 이런 상황에서 어떻게 대응했는지 그리고 그렇게 대응해서 어떤 결과를 얻었는지 참고한다. 그러니까 중국사람을 상대할 때 '지금까지 이랬으니, 이번에도 일을 이렇게 처리하겠지?'라고 예측하면 틀릴 가능성이 크다. 중국사람과 마찬가지로 중국 역사에서 지금의 상황과 가장 유사한 사례부터 찾아봐야 한다. 물론 중국 역사 외에 중국 문화 그리고 중국 고전 책도 참조해야 한다.

　한국에서 무역 일로 중국 사업가를 만나면서, 중국에서 장사를 벌여 중국 고객을 만나면서, 중국 대학교에서 가르치는 일로 중국 선생님과 중국 대학생을 만나면서 알게 된 중국사람 이야기를 하려고 한다. 이 책은 중국사람을 여섯 부분으로 나누어 소개한다. '1장 인맥 공동체, 중국'에서는 중국사람이 왜 서로 꽌시를 맺고 살 수밖에 없는지를, '2장 각자도생하는 사회'에서는 중국사람이 왜 길에 쓰러져 있는 노인을 도와주지 않는지를 알아본다. '3장 붉은 자본주의의 나라'에서는 1992년 등소평鄧小平이 중국에 처음으로 자본주의를 도입한 것이 아니라 이미 2천 년 전부터 중국사람은 자본주의 사상으로 생활해왔다는 사실을 살핀다. '4장 장사는 지략이다'에서는 중국에서 '짝퉁'이 없어지지 않는 이유를 찾고, '5장 지독한 현실주의자, 철저한 실용주의자'에서는 같은 공간에 부처와 노자와 공자를 함께 모시는 이유를 생각해본다. 마지막으로 '6장 익숙하지만 낯선 이웃'에서는 중국사람이 생각하는 '중국에서 한류가 유행하는 이유'를 찾는다.

　원고를 완성하며 되도록이면 직접 경험한 일을 쓰기 위해 노력했다. 중국에 관한 개략적인 정보는 넘쳐나므로 주관적이더라도 필자만의 기준을 가지고 글을 풀어나가고 싶다는 욕심이 들었기 때문이다. 이 책 표지에는 필자의 이름 석 자가 들어가 있지만, 사실 이 책을 쓴 진정한 저자는 필자의 중국 친구들이라고 말하고 싶다. 필자는 다만 중국 친구들이 해주는 이야기를 한국어로 옮겼을 뿐이다. 그러니까 엄밀하게 말하면 이 책은 필자의 창작물이 아니라 중국 친구들 이야기를 한국어로 쓴 '번역물'이라고 해도 크게 틀린 말이 아니다.

사업체를 운영하는 비卞 선생님, 식당을 운영하는 츄楚 선생님, 교통경찰 차이蔡 선생님, 상무국 공무원 펑冯 선생님, 생활용품점을 경영하는 탕唐 선생님, 병원에서 근무하는 판范 선생님 등 모든 중국 친구에게 감사하다는 말을 전하고 싶다. 특히 책에 소개된 이야기 소재의 진위 여부를 확인해주고, 각 이야기 소재에 대해 중국사람의 입장에서 어떻게 생각하는지를 이야기해준 장웨이위张伟玉 선생님에게 머리 숙여 감사드린다. 마지막으로 타국에 살고 있는 아들을 묵묵히 지켜봐주시는 어머니에게 이 책을 바치고 싶다.

2017년 중국 제남에서
김기동

차례

## 1장
# 인맥 공동체, 중국

## 4장
# 장사는 지략이다

## 5장
# 지독한 현실주의자, 철저한 실용주의자

## 6장
# 익숙하지만 낯선 이웃

# 인맥 공동체, 중국

# 1

# 중국 꽌시와
# 한국 네트워크는 다르다

## 사방이 막힌 전통 가옥 '사합원'

공공건물이든 회사건물이든 중국 건물에는 한국 건물과 다른 특징이 있다. 중국 건물은 가운데에 네모난 모양의 공간을 만들고 그 네모 공간을 집채가 둘러싸는 형태의 구조를 취하고 있다. 그러니까 건물을 한글 미음 자처럼 네모나게 짓고 한가운데를 텅 비워두는 것이다. 땅값이 비싼 시내에서 이런 구조의 대형 빌딩을 발견하면 '여기가 얼마나 비싼 동네인데 이렇게 공간을 낭비할까' 하는 아쉬운 마음이 들기도 한다.

이런 구조는 중국 전통 주택인 사합원에서 유래한다. 사합원은 가운데 마당을 중심으로 사방을 집채가 에워싸고 있다. 네모 모양으로 늘어선 건축물 출입문은 모두 안쪽 마당을 향해 나 있고 건축물 바깥벽은 담장 역할을 한다. 네모난 집채 바깥벽은 높을 뿐 아니라 남쪽 벽 높은 곳에 위치한 작은 창문 하나를 빼면 모두 막혀 있어 집채는 성곽처럼 외부로부터 완벽하게 차단된다.

출입구인 대문은 남동쪽에 조그맣게 만드는데 이 역시 외부인의 출입을 빈틈없이 막는다. 설령 대문을 열고 집 안쪽으로 들어가려 해도 대문 바로 앞에 조벽(대문 안쪽에 벽돌이나 흙으로 쌓은 직사각형 형태의 담)이 있어 외부인의 출입을 이중으로 막고 있다. 사합원은 내부를 향해서는 개방되어 있지만 외부로는 철저하게 폐쇄되는 기능을 가진 건물이다.

중국사람은 왜 이렇게 닫혀 있고 공간 활용도가 떨어지는 건물을 지을까? 중국 문화를 소개하는 책에는 사방을 둘러싼 높은 벽이 연중 몰아치는 모래바람을 막는 역할을 해주고 대문 안쪽에 위치한 조벽이 밖에서 들어오는 귀신을 막는 기능을 한다고 쓰여 있지만, 사실은 더 중요한 이유가 있다.


## 3리마다 성이오, 5리마다 곽이다

중국을 여행한 조선의 실학자 박지원이 1780년 집필한 기행문 《열하일기》에는 "중국은 3리마다 성城이오, 5리마다 곽郭이다"라고 적혀 있다. 이때 성은 일반적인 성채를 말하고, 곽은 규모가 더 큰 성곽을 뜻한다. 그 당시 소선에서는 마을 경계를 표시하기 위해 장승을 세워놓았는데 중국에서는 마을 경계를 표시하기 위해 높은 담을 두른 것이다. 박지원은 중국사람에게 왜 마을마다 성곽을 쌓느냐고 물었지만 통역하는 사람의 실력이 모자랐는지 정확한 답변을 듣지 못했다고 한다.

기원전 은나라 시절부터 현재까지 중국 역사 5천 년 중 2천 년이 넘는 기간 동안 중국은 전쟁을 치러왔다. 국경선 너머 이민족과의 전투부터 정권 교체기에 일어나는 자국민 간의 무력시위, 정부의 통제가 미치지 못한 지역에서 일어나는 도적 떼와의 싸움 등 수많은 전쟁이 있었다.

목숨이 왔다 갔다 하는 싸움터에서 몸을 보호하기 위해서는 자신의 공간에 외부인이 침입할 수 없도록 높은 담을 쌓는 게 가장 좋은 방법이다. 가족을 지키기 위해서 사합원 구조의 집을 지어 담장을 세우고, 마을을 지키기 위해서 외곽에 옹성을 세우고, 나라를 지키기 위해서 국경선에 성곽을 세웠다. 지금도 중국에서는 만리장성뿐만 아니라 도시마다 남아 있는 성곽을 흔히 찾아볼 수 있다. 잦은 전쟁이 폐쇄적인 건물 구조 전통을 남긴 것이다.


## 보이지 않는 담장

중국에는 건물 담벼락 말고도 보이지 않는 마음속 담장이 있다. 바로 '꽌시關係'다. 눈으로 볼 수 있는 담장이 아군과 적군을 구분하는 기준이라면 마음속에 있는 꽌시라는 담장은 내 사람自己人과 기타 사람外人을 나누는 경계다.

중국사람은 내 주위에 있는 사람 모두를 담장 안 자기 사람과 담장 밖 기타 사람으로 분류한다. 그리고 담장 안에 있는 사람끼리는 서로 도우면서 살아가지만 담장 밖 기타 사람은 '기타'라는 단어 의미 그대로 자신과 전혀 관계가 없는 '그 밖의 사람'이기 때문에 관심도 없고 일반적인 인간관계가 가능하지 않다고 여긴다. 그래서 중국사람은 자기 사람과 그 외의 사람에게 완전히 다른 태도를 취하며 대우와 평가 기준도 달리한다.

이렇게 담장 안 자기 사람과 담장 밖 기타 사람을 구분하는 데 사용하는 표현이 바로 꽌시다. 하지만 서로 꽌시를 맺은 사이라 하더라도 친밀도에 따라 여러 단계의 꽌시가 존재한다.

어느 중국사람이 한국사람에게 "당신과 나는 이제 꽌시를 맺었다"라는 말을 했다고 가정해보자. 이 한국사람은 중국사람과 인간적인 관계가 형성돼 앞으로 많은 도움을 받을 수 있을 것이라 생각하겠지만, 이때 중국사람이 말한 꽌시란 '당신은 이제 겹겹이 쌓여 있는 담장 중 가장 밖에 위치한 담장 안쪽으로 겨우 들어왔다'는 의미일 뿐이다. 중국사람은 이미 꽌시를 맺은 사람도 여러 단계로 나눈다. 성곽을 공유하는 사람과 우리 집의 담벼락을 공유하는 사람이 같을 수는 없는 것과 같다.

중국에는 '꽌시를 맺었다有關係'라는 표현 외에도 '꽌시가 개선되었다改善關係'거나 '꽌시가 좋다關係好'라는 표현이 있다. 꽌시가 나아가는 단계를 순서대로 알아보자.

이를 위해서는 먼저 한국과 중국에서 다른 의미로 사용되는 '친구'라는 단어에 대한 이해가 필요하다. 한국에서 친구란 서로 나이가 비슷하면서 가깝게 오래 사귄 사람을 말한다. 가깝게 오래 사귀었기 때문에 믿음이 있다. 그래서 한국사람은 친구가 신뢰를 저버리는 행동을 하면 심한 배신감을 느끼며 친구 관계는 바로 깨지고 만다.

하지만 중국에서 친구란 한국과 전혀 다른 의미를 가지고 사용된다. 중국사람이 말하는 친구란 사회생활 중에 만나서 알게 된 모든 사람을 말한다. 그러니까 담장 밖 기타 사람 중 내가 알고 있는 사람 모두를 친구라고 한다. 그래서 중국사람은 친구 사이에도 이해관계에 따라 서로 이용하고 배신할 수 있다고 여긴다. 중국사람이 한국사람을 친구라고 부를 때 친구라는 의미는 결코 한국사람이 생각하는 '서로 믿음이 있는 친구 사이'가 아니다. 그저 '이제 처음 알게 되었으니 앞으로 잘해봅시다'라는 속뜻밖에 없다는 것을 알아야 한다.

내가 알고 있는 모든 사람이 친구이기 때문에 친구를 부를 때 사용하는 호칭도 여러 가지다. 먼저 새로 알게 된 사람은 새 친구新朋友라고 한다. 이제 새 친구라는 꽌시가 시작된 것이다. 중국에서는 자신의 나이를 기준으로 위아래 10년 차이까지는 그냥 친구로 부른다. 자신의 나이보다 10년 이상 아래면 어린 친구年輕朋友라 하고 10년 이상 위면 늙은 친구年長朋友라고 한다. 얼마나 자주 만나 같이 밥을 먹었는가에 따라 다르기는 하지만, 경

**사진 1-1 중국 서안시 성곽**
중국에서 가장 완벽한 상태로 남아 있는 성벽 중 하나도, 외부인의 출입을 막는다. 중국사람이 마음속에도 이러한 성벽이 존재한다.

제적이든 비경제적이든 서로 도움을 주고받으며 한 해 정도 만나면 좋은 친구好朋友 꽌시로 발전한다.

좋은 친구好朋友 다음 단계는 오래된 친구老朋友다. 한국사람이 중국사람에게 오래된 친구로 불린다면 서로의 꽌시가 상당히 발전했다는 뜻이다. 이제부터는 중국사람이 한국사람에게 자신의 주위 사람을 소개해주기도 하고, 자신과 꽌시가 있는 중국 친구 집에 한국사람을 초대하기도 한다. 사실 한국사람이 중국사람과 오래된 친구 꽌시가 되기는 쉽지 않다. 하지만 중국사람과 오래된 친구 꽌시가 되었다 해도 진정한 꽌시가 되기 위해서는 앞으로도 몇 단계 더 남아 있다.


## 서로의 자식까지 책임지는 의형제 꽌시

필자와 오래된 친구 꽌시를 맺고 있는 중국사람이 있다. 이 중국 친구가 자신과 꽌시가 있는 다른 중국사람 집에 필자를 초대했다. 평소처럼 술을 곁들여 식사하던 중 술이 떨어지자 중국 친구가 집주인의 허락도 받지 않고 장식장을 열더니 스스럼없이 술병을 가져왔다. "아무리 꽌시 사이라도 그렇지, 말도 하지 않고 술을 가져오면 실례가 아니냐"고 필자가 말하자 중국 친구 답변이 재미있다.

그는 집주인에게 승낙을 받고 술병을 꺼내 오면 집주인과 진정한 꽌시를 맺은 것이 아니라고 설명하며 꽌시의 실제 모습을 이야기했다. 진정한 꽌시를 맺었다는 말은 서로의 가족을 책임지겠다는 약속을 하는 것이라며, 꽌시를 맺은 친구가 죽으면 그 친구의 자식을 자신이 책임져야 하고 자신이 죽으면 마찬가지로 꽌시를 맺은 친구가 자신의 자식을 책임져준다고 한다. 그런 사이인데 하물며 술 한 병쯤이야 아무 일도 아니라고 덧붙인다. '어쩌면 나는 영원히 중국사람과 꽌시를 맺을 수 없겠구나'라는 생각이 들었다.

친구 꽌시 다음 단계를 '형제兄弟 꽌시'라고 한다. 이제부터 중국사람이 말하는 진정한 꽌시 사이가 시작되는 것이다. 여기서 더 발전하면 꽌시의 마지막 단계인 '의형제干兄弟, 把兄弟 꽌시'가 된다. 위에서 소개한 이야기가 바로 의형제 꽌시다. 이렇게 서로의 가족을 책임져주는 꽌시를 중국어로는 간형제干兄弟 꽌시라고 한다. 여기서 간형제는 혈육 관계가 아닌 친밀한 의형제를 의미한다. 혹은 파형제把兄弟 꽌시라고도 하는데 여기서 파형제는 한 무리에 같이 묶여 있는 운명 공동체라는 뜻이다.

한국에서는 서로 깊이 신뢰하는 사이일 경우 나이가 비슷하면 친구로 지내고, 나이 차이가 있으면 형이나 동생으로 부른다. 중국에서는 나이 차이와 관계없이 자신과 알고 지내는 사람은 친구로 칭하고, 서로 깊은 신뢰가 쌓인 사람은 형제라고 생각한다. 그래서 중국사람이 한국사람을 형제라고 불렀다면 두 사람 사이에 진정한 꽌시가 형성됐다는 것이고, 이제부터는 한국사람이 무엇을 특별히 부탁하지 않아도 중국사람이 알아서 많은 도움을 준다.

물론 그만큼 한국사람도 그 중국사람에게 도움을 줘야 한다. 사실 중국사람이 "나는 누구누구와 꽌시를 맺은 사이다"라는 말을 하면 대부분

형제 꽌시를 의미한다. 형제 꽌시가 아닐 경우 중국사람은 꽌시를 맺었다고 생각하지도 말하지도 않는다.


## 세상에서 가장 어려운 일

중국사람 사이에서도 형제 꽌시가 되는 것이 쉽지는 않다. 명나라와 청나라에서 어린이에게 교육용으로 읽히던 도서 《증광현문》을 잠시 살펴보자. 《증광현문》은 《명심보감》과 《채근담》처럼 인생의 교훈을 담고 있는 책으로 지금도 중국 초등학교 교과서에 많은 문장이 실려 있다. 《증광현문》에는 "하늘 아래 부모처럼 이해해주는 사람이 없고, 세상에서 가장 어려운 것이 진정한 형제를 얻는 일이다天下無不是的父母, 世上最難得者兄弟."라는 말이 있다. 물론 여기서 형제는 혈육 관계가 아닌 의형제를 뜻한다. 진정한 형제 사이에는 부모가 자식을 이해해주는 정도의 교감이 있다는 의미다.

중국사람의 '꽌시'와 한국사람의 '네트워크'는 전혀 다르다. 중국의 꽌시를 한국의 네트워크로 이해하고 중국사람과 사귀면 원하는 결과를 얻기 힘들 뿐만 아니라 언젠가는 "내가 그동안 당신에게 얼마나 잘해주었는데 당신이 나한테 이럴 수가 있어? 내가 한국사람이라서 속인다, 이거지?"라는 말을 뱉게 된다. 중국에서는 서로가 이용하고 배신할 수 있는 사이일 경우에도 친구라고 부른다는 사실을 기억하자.

중국에서 꽌시란 작은 공동생활 집단으로 생각된다. 중국사람은 역사적으로 많은 전쟁을 치르며 개인과 가족의 목숨이 위태로워지는 상황을 자주 겪었다. 그런데도 국가로부터 어떤 도움조차 받지 못한 경험이 오랫동안 누적되면서 공동으로 대처하기 위해 꽌시라는 생활 집단을 만들어왔다.

황제가 존재하고 유교 이데올로기로 운영되던 전제 국가 시절부터 공산주의 이념이 자리 잡은 지금의 중화인민공화국까지 중국사람의 '꽌시'는 지속되고 있다. 미래에 중국이 어떤 국가 형태로 바뀌든 중국사람은 여전히 꽌시로 맺어진 작은 공동생활 집단으로 살아갈 것이다.

# 2

# 중국사람과
# 꽌시 맺는 방법

## 잘못 건넨 돈에 꽌시가 끊기다

중국사람과 이런저런 관련이 있는 한국사람은 중국사람과 꽌시를 맺으려고 한다. 당연히 어떻게 하면 중국사람과 꽌시 관계가 될 수 있을지 궁금해한다. 다행인 것은 중국사람도 주변에서 꽌시를 맺을 수 있는 사람을 항상 찾고 있다는 점이다. 중국사람이 찾는 꽌시 대상에는 물론 한국사람도 포함된다. 그러니까 한국사람이 중국사람과 꽌시를 맺기 위해 힘쓰는 것처럼 중국사람도 꽌시를 맺을 만한 한국사람을 애타게 찾고 있는 것이다.

　중국에는 "가까운 곳에 있는 물로는 내 집 불을 끌 수 있지만, 먼 곳에 있는 물로는 내 집 불을 끌 수 없다遠水難救近火, 遠親不如近鄰"는 말이 있다. 먼

친척이 가까운 이웃보다 못하다는 의미다. 하지만 주변에 이웃이 아무리 많아도 평소에 친하게 지내지 않으면 나에게 어려운 일이 생겨도 관심조차 주지 않는다. 그래서 중국사람은 항상 가까운 곳에서 자신을 도와줄 적당한 이웃을 찾는다.

《증광현문》에는 "집에서는 부모를 의지하지만, 사회에서는 친구를 의지해야 한다在家靠父母出門靠朋友"라는 말이 있다. 그래서 중국사람은 주변에 있는 이웃 중에서 필요할 때 서로 의지할 수 있는 친구를 찾는다.

중국사람이 찾고 있는 친구는 내가 가지지 못한 능력을 갖춘 사람이다. 세상에 공짜는 없다. 그러니까 나도 당연히 상대가 가지지 못한 능력을 갖추고 있어야 한다. 이렇게 서로 도움이 될 수 있는 부분이 있다고 생각할 때 친구가 될 수 있고, 시간이 흘러서 꽌시 관계가 된다.

내가 상대방을 도와줄 능력이 없을 때는 어떤 방법으로도 내가 필요한 능력을 가진 상대방과 꽌시를 맺을 수 없을 뿐만 아니라 친구도 될 수 없다. 그런데 중국사람이 생각하는 능력에는 경제적인 부분, 즉 얼마나 부유한지는 포함되지 않는다. 한국사람은 경제력도 능력이라 생각한다. 그래서 금전 능력으로 중국사람과 친구가 되려 하고, 더 나아가 꽌시를 맺으려 하기도 한다. 하지만 상대방이 나의 능력을 별로라고 여기면, 아무리 자주 만나 술을 먹더라도 그냥 술을 같이 먹는 사람일 뿐이다.

중국에서 꽌시 관계인 사람끼리는 서로 도와주더라도 절대로 금전적인 대가를 원하지 않는다. 중국에서 꽌시 관계인 누군가가 나를 도와주었다고 해서 고마운 마음에 금전으로 보상하려고 한다면 상대방은 오히려 화를 낼 뿐만 아니라 서로의 꽌시 관계는 바로 끝난다.

만약 어떤 도움의 반대급부로 내가 금전을 주었다면 그것은 꽌시나 친구 관계가 아니라 상대방이 가진 능력이라는 상품을 구매한 것이다. 당연히 일회성 거래고, 이런 경우는 대부분 영수증을 주고받지 않기에 사후서비스도 없다. 한편 내 주변에 있는 제삼자의 부탁을 받고 나와 꽌시 관계인 사람에게 그 일을 해결해 달라고 부탁했을 경우에는 당연히 그에 상응하는 대가를 지불해야 한다.


## 한솥밥을 먹어야 가족

한국에서 '밥그릇'이란 단어는 보통 상황이 좋지 않은 경우 사용한다. 나이가 많은 사람이 자기보다 어린 사람과 대화 중에 논리에서 밀리면 '내가 너보다 더 먹은 밥그릇 수가 얼만데'라며 나이라는 권위를 내세운다. 또 상대방이 자신의 능력을 인정해주지 않으면, '내가 이 바닥 밥그릇 수가 얼만데'라며 자신이 경험이 많다는 점을 강조한다.

중국에서 말하는 '밥그릇 수'는 내가 먹은 밥그릇 수가 많은지 적은지가 아니라, 내가 상대방과 같이 먹은 밥그릇 수가 얼마나 많은지를 뜻한다. 세상 어느 나라 누구에게나 밥은 중요하다. 먹지 않으면 죽으니까. 그런데 중국에서 밥은 생존을 위해 음식을 먹는다는 의미 외에 형제처럼 서로 믿고 같이 힘을 합쳐 살아간다는 의미도 있다.

중국에서 고대 은나라, 주나라, 춘추전국시대 국가의 권위를 상징하는 물건은 정鼎이다. 정은 사각형이나 원형 모양이며 나리가 세 개 혹은 네 개

27

**사진 1-2 은허에서 발굴한 가마솥 '정'**
가마솥을 나라의 상징물로 삼았다는 점에서
은나라 사람들이 국가를 한솥밥 먹는 운명 공
동체로 생각했다는 점을 알 수 있다.

달린 취사도구다. 그러니까 요즘 말로 하면 음식을 요리하는 가마솥이다.

중국에서 가장 큰 정은 은나라 수도였던 은허(현재 하남성 안양시) 지역에
서 출토되었는데, 높이 1미터 33센티미터에 길이 1미터 10센티미터, 넓이
78센티미터에 무게가 875킬로그램이나 된다. 엄청난 가마솥이다. 아마
이 솥을 사용해 음식을 만든다면 천 명 정도는 같이 먹을 수 있지 않을까.

고대 중국사람은 왜 가마솥을 국가 상징물로 삼았을까? 누구나 생존을
위해서 밥을 먹는다. 하지만 한 솥으로 요리한 밥을 같이 나누어 먹는 사
람은 가족뿐이다. 가족이 운명 공동체인 것처럼 국가 역시 하나의 솥으로
요리한 밥을 나누어 먹는 공동체라는 것을 상징적으로 보이기 위해 고대
중국사람은 커다란 정을 선택했을 것이다.


## 느리게 진행되는 검증

어느 나라, 어느 사회에서나 사람이 친해지는 방법으로는 같이 밥을 먹는
게 최고다. 중국사람은 한 솥으로 지은 밥을 많이 먹어야만 보통의 친구
관계가 혈연으로 맺은 형제 관계로 바뀐다고 생각한다.

중국사람은 주위에서 본인이 가지지 못한 능력을 갖췄을 것으로 여겨지는 사람을 발견하면 우선 밥부터 먹자고 한다. 처음에는 둘이서만 밥을 먹는다. 몇 번 식사를 하다 보면, 같이 밥 먹는 사람이 늘어나기 시작한다. 처음에는 중국 친구와 단 둘이 밥을 먹었는데 어느 순간에는 같이 밥을 먹는 사람이 다섯 명, 열 명, 심지어 스무 명까지 늘어나기도 한다.

횟수도 잦아진다. 처음에는 한 달에 한 번 정도 만나다가 두세 달이 지나면 매월 두 번 정도, 나중에는 거의 매주 만나게 된다. 초대받은 자리에 가면 매번 새로운 사람이 자꾸 나타난다. 이렇게 반년이 지나면 중국 친구의 주변 사람과 거의 다 아는 사이가 된다.

필자 역시 중국 친구와 이런 방식으로 친분을 쌓은 적이 있다. 처음에는 식당에서 밥을 먹고, 다음에는 중국 친구 집에서 밥을 먹었다. 얻어먹을 수만은 없으니 필자가 사는 집에도 초대하고, 그러면 중국 친구의 친구가 또 우리를 초대한다. 한국사람인 필자는 이쯤에서 살짝 짜증이 났다. 필자가 원한 것은 처음에 만났던 그 중국사람과 친구가 되는 것인데, 자꾸만 다른 사람이 나타나니 시간 소비가 만만치 않다. 심지어 여기가 끝이 아니다. 처음에는 밥만 같이 먹지만 다음에는 취미활동 장소에도 부르고, 그다음에는 등산도 같이 가고, 그다음에는 장기간 여행도 같이 가게 된다.

이렇게 자주 만난 그 중국 친구와는 마침내 꽌시 관계가 됐을까? 아직 잘 모르겠다. 자주 만나 같이 밥을 먹은 것은 혈연관계와도 같은 형제가 되는 기간이기도 했지만, 중국 친구가 그의 주변 친구들과 함께 필자가 가졌을 것으로 여긴 능력을 이리저리 확인해보는 기간이기도 했으니까.

중국 속담 중에 "말馬의 힘을 알려면 멀리 가봐야 하고, 사람의 마음을 알려면 오래 만나봐야 한다路遙知馬力, 日久見人心"는 격언이 있다. 중국사람이 어떤 일을 결정하는 데는 시간이 오래 걸린다.

## 인맥과는 다른 개념, 해결사

2년 동안 만난 중국 친구가 어느 날 자기 친구에게 좋은 일이 생겨 호텔 식당에서 밥을 먹는다며 그 자리에 필자를 초대했다. 이날 만찬은 필자의 친구가 마련한 자리였는데, 중국 친구의 친구 아들이 군대 생활을 무사히 마치고 집에 돌아온 것을 축하하기 위한 것이었다. 그러니까, 제대를 기념하는 자리를 당사자의 아버지가 아니라 아버지의 친구가 준비한 셈이다.

한 번은 이런 일도 있었다. 자주 만나지는 않았지만 알고 지내던 중국 친구가 가족과 같이 한국에 놀러왔다. 마침 필자도 한국에 머물고 있던 중이라 하루 시간을 내 관광지를 안내해주고 밥 한 끼를 대접했다. 필자가 한국에서의 일을 끝내고 다시 중국에 왔을 때, 모르는 중국사람에게 전화가 왔다. 자기 친구 가족이 한국으로 여행을 갔을 때 필자가 그 가족을 잘 대접해줘서 고맙다며 2박 3일 여행에 초대한 것이다.

서로 꽌시를 맺은 친구끼리는 오랫동안 같이 밥을 먹었기에 서로를 너무나 잘 알고 있다. 그래서 상대방에게 필요한 일이 생기면 알아서 도움을 주려고 한다. 심지어 같이 밥을 먹으면서 '뭐 도와줄 일이 있는지' 서로 묻는다. 제삼자인 필자가 보기에는 서로 도와주지 못해 안달이 난 사람들 같다.

중국사람은 "도움을 받고 보답을 하지 않으면 사람이 아니다有恩不報小人, 有仇不報非君子"라는 말을 한다. 여기서 도움을 주는 사람은 당연히 꽌시 친구고, 은혜를 갚아야 할 상대방도 당연히 꽌시 친구다. 꽌시 친구가 아닌 사람은 아무리 도와주어도 도움을 받은 사람이 보답하지 않는다.

꽌시 친구가 나를 도와주었다면 나는 반드시 갚아야 할 빚을 진 것이다. 그런데 도움을 준 사람은 막 바로 보상을 받지 않고 상대방에게 계속 빚으로 남겨두려고 한다. 그러니까 '내가 당신에게 도움을 주기는 했지만, 지금 그 빚을 갚지 말고 기억하고 있다가 미래 어느 날 내가 당신의 도움이 필요할 때가 되면 그때 반드시 갚으라'는 것이다. 그래서 꽌시 친구끼리는 어지간해서는 상대방에게 부담되는 도움을 받지 않으려고 한다.

중국에서 '내가 꽌시가 넓으니까 나를 통하면 무슨 일이든 해결할 수 있다'고 말하는 사람은 해결사일 뿐이다. 해결사니까 당연히 비용과 수수료를 챙긴다.

필자가 중국에서 사업을 해보려고 임차할 상가를 찾고 있을 때, 2년 동안 만난 중국 친구가 상가를 알아봐줘 임대회사와 계약을 하고 계약금을 치른 적이 있었다. 그런데 장사를 준비하는 동안 필자에게 다른 일이 생겨 그 사업을 할 수 없게 됐다. 계약 규정에 따라 속은 쓰리지만 어쩔 수 없이 계약금을 포기했다. 어느 날 중국 친구가 필자에게 임대회사에 가보라고 했다. 그리고 생각지도 못했던 적지 않은 금액의 계약금을 돌려받았다. 필자는 중국 친구에게 갚아야 할 빚을 진 것이다.

# 3

# 회사 돈을 횡령해도
# 묵인하는 사장

## 중국 학생의 장래희망은 '돈 벌기'

앞서 꽌시에 대해 알아보며 중국사람 개개인이 친구 혹은 꽌시 관계를 맺고 살아가는 모습을 살펴보았다. 이번에는 중국사람이 직장 또는 국가와 어떤 관계를 맺으며 살아가는지 이해해보자. 이를 위해 중국사람이 직장을 어떻게 생각하고, 직장에서 어떻게 생활하는지 관찰할 필요가 있다.

대학 졸업을 앞둔 예비 졸업생에게 졸업 후 무엇을 할지 물어보면 중국 대학생들은 약속이라도 한 듯이 모두 '돈을 벌겠다'고 한다. 미처 이런 답변을 예상치 못한 필자가 다시 '그럼 돈을 벌기 위해 무엇을 할 것이냐'고 물어보면 그제야 어떤 직장에 취직하려고 하는지 아니면 어떤 장사를 하려고 하는지 구체적으로 답한다.

물론 대부분의 한국 대학생들도 졸업 후 취업을 한다. 그러나 처음 직장 생활을 시작할 때는 직장에서 자신의 능력을 펼쳐 꿈을 이루겠다는 포부를 가진다. 물론 2~3년 직장 생활을 하고 나면 결국 직장을 '돈 벌기 위해 다니는 곳'으로 생각하게 되기도 하지만.

하지만 중국사람은 처음 직장 생활을 시작할 때부터 직장은 돈을 벌기 위한 곳이라고 확실하게 생각한다. 그러니까 직장 생활에서 가장 중요한 일은 '내가 돈을 버는 것'이다. 그래서 중국사람에게 직장은 돈을 벌 수 있는 장소 그 이상도 그 이하도 아니다.

그리고 중국사람은 자신이 돈을 많이 벌 수 있을 경우 주변에 그 능력을 공공연히 자랑하기도 한다. 25년 전 한국 기업이 중국에 처음 진출할 때 한국 기업과 파트너 관계로 일했던 어느 중국사람은 '한국 직장에서 일하면서 5년 안에 아파트 두 채를 못 사면 바보'라며 자신의 능력을 뽐내기도 했다.

중국사람에게 직장은 자신이 소속되어 조직이 원하는 노동을 제공하고 그 대가로 급여를 받아 경제적 생활을 영위하고, 그런 과정에서 자신과 직장이 서로 공존하며 발전할 수 있는 삶의 터전이 아니다. 중국사람에게 직장이란, 직장이 요구하는 노동을 제공히고 그 대기로 급여를 받는 장소일 뿐이다.

그리고 돈을 벌기 위해 취직했기 때문에 직장에서 제공하는 급여 외에 자신이 직장이라는 조직을 이용하여 별도로 돈을 버는 건 당연한 일이다. 규모가 작은 가게든, 중소기업이든, 대기업이든, 국가 조직이든 이런 점은 다르지 않다. 직장을 이용하여 금전을 챙기는 건 본인의 능력이기 때문에 이런 능력으로 자신이 돈을 많이 벌면 주변 사람에게 자랑할 일이지 결코 감출 일이 아니다. 그러니까 중국에서는 직장을 이용하여 돈을 버는 직원이 잘못된 게 아니고, 직원이 그렇게 할 수 있는 빈틈을 보인 직장 경영자와 관리자가 무능한 것이다.


## 권한을 이용해 이익을 챙기다

과거 중국에서 국가 행정 관료였던 신하들은 공식적으로 황제를 만날 때 황제에게 '삼배구고두례'를 해야 했다. 삼배구고두례에서 '고두'란 소리가 나도록 머리를 바닥에 찧으며 절을 하는 것을 뜻한다. 황제에게 자신이 충성한다는 것을 보여주기 위해서는 머리로 바닥을 찧을 때 큰 소리가 나야 했다.

신하가 절을 했는데 큰 소리가 나지 않으면 불경죄로 황제에게 밉보일 수 있다. 출세에 지장도 많이 생긴다. 그래서 황제를 만나는 신하는 아무리 아프더라도 머리를 세게 찧지 않을 수 없었다. 머리에 멍이 드는 정도가 아니라 피가 흐르기도 했다.

황제가 신하를 만나는 궁궐 회의실을 관리하는 담당자는 환관(내시) 공무원이었다. 그래서 궁궐 바닥에 몰래 나무판자를 묻어두고, 그 자리에 머리를 찧으면 머리가 아프지 않으면서도 소리가 크게 난다고 신하에게 은밀히 광고한다. 신하가 어디에 나무판자가 있는지 알려면 당연히 환관 공무원에게 돈을 줘야 한다.

환관 공무원은 황제에게 급여를 받는 외에, 이런 방식으로 자신의 직장을 이용해 돈을 챙겼다. 매번 나무판자 위치를 바꾸었기 때문에 환관 공무원에게 나무판자 사업은 블루오션이었다. 유능한 환관 공무원은 궁궐 회의실을 관리하는 작은 권한으로 엄청난 부를 축적하는 것이다.

만약 궁궐 회의실을 관리하는 어떤 환관 공무원이 자신은 양심상 이런 짓 못한다고 말한다면 주위 사람들이 그가 정직하다고 칭송했을까, 아니면 바보 같은 놈이라고 상대도 하지 않았을까? 답은 상상에 맡긴다.

현재로 시점을 옮겨보자. 중국 중소기업의 물품 구매 담당 직원이 자신의 직장을 이용해 돈을 번 이야기가 있다. 이 기업의 직원은 A라는 물품을 100위안에 샀다. 그런데 새로 들어온 직원이 같은 물품을 같은 가격인 100위안에 사면서도 지난번보다 훨씬 품질이 좋은 것으로 들여왔다. 당연히 사장은 새 직원을 칭찬했다.

그런데 사실 새 직원은 A 물품을 90위안에 사고 회사에는 100위안에 샀다며 차액 10위안을 자신의 이익으로 챙기고 있었다. 새 직원이 직권을 남용하여 회사 돈을 횡령한 것이다. 하지만 사장은 이 사실을 알고도 새 직원에게 아무런 조치를 취하지 않았다. 사장 입장에서는 회사가 같은 100위안이라는 물품 대금을 지급하면서 이전보다 더 좋은 품질의 물건을 살 수 있었기 때문이다. 만약 회사가 이 직원을 해고한다면, 회사는 이전처럼 다시 품질이 나쁜 물품을 100위안에 사야 한다. 새 직원은 자신의 구매 담당 권한을 이용해 급여 외의 이익을 챙긴 것이다.

## 비가 와도 잔디에 물을 주는 까닭

기업이든, 국가 조직이든 모두 이런 식으로 일하면 그 조직은 언젠가 망하고 만다. 하지만 중국이라는 국가와 중국의 수많은 성공한 기업들은 멀쩡히 움직이고 있다. 중국에서 국가와 기업을 운영하는 관리자들은 자신의 이익을 중시하는 마음을 가진 직원들을 어떻게 관리하고 있을까. 중국사람들이 어떤 태도로 업무를 대하는지를 먼저 직원 입장에서 살펴보자.

중국 직원은 경영자나 관리자가 업무지침 혹은 말로 지시한 일은 꼭 한다. 지시받은 일이 아무리 하찮은 일이라도 최선을 다한다. 그런데 중국 직원이 일하는 데는 세 가지 조건이 있다. 첫째는 직원이 하는 일이 고용계약서에 구체적으로 명기되어 있어야 하고, 둘째는 업무를 지시한 경영자나 관리자가 사후에 업무 진행 상황을 철저히 점검(피드백)해야 한다. 셋째로 업무 수행 결과에 따라 성과급을 차등 지급해야 한다.

첫째 조건인 '고용계약서 명기'를 먼저 알아보자. 만약 중국 직원이 회계 처리를 담당하는 업무로 고용계약을 했다면, 그는 회계와 관련된 업무만 한다. 예를 들어 회사에서 냉장고를 사야 한다고 해보자. 그런데 회계 담당 직원이 이전에 냉장고를 판매해본 경험이 있어 좋은 냉장고를 싼 가격에 알아볼 수 있다고 판단하고 그에게 냉장고 구매 업무를 맡기면, 회계 담당 직원은 자신의 업무가 아니기에 냉장고 구매 일을 하면서 본인의 중간이윤을 꼭 챙긴다. 본인이 담당한 업무 외의 일을 했다면 어떤 식으로라도 반드시 보상을 받아야 하기 때문이다.

다음으로, 지시한 업무를 사후 점검(피드백)해야 한다는 것은 어떤 의미일까. 중국 직원은 관리자가 수시로 업무 진행 여부를 점검하지 않으면 일을 진행하지 못한다. 중국 직원은 지시받은 업무만 정확히 수행한다. 만약 지시받은 일을 하다가 중간에 업무 수행을 어렵게 하는 문제가 발생했다고 해보자. 그런데 직원은 그 문제를 해결하라는 업무지시는 받지 않았다. 지시받은 일을 하다가 중간에 발생하는 문제는 본인이 해결할 일이 아니라고 생각한다. 그래서 지시받은 일을 더 이상 수행할 수 없다.

관리자가 직원에게 물통을 주면서 잔디밭에 물을 주라고 하면, 직원은 옆에 호스가 있어도 물통으로 물을 준다. 물통을 사용하여 잔디밭에 물을 주라고 지시받았기 때문이다. 중국 직원이 물통을 사용하다가 물통이 깨져 더는 잔디밭에 물을 줄 수 없다면 그 상태에서 일을 멈춘다. 물통을 더는 사용할 수 없기 때문이다. 물통이 깨지면 어떻게 하라는 지시는 없었다.

만약 비가 온다면 어떻게 될까. 그래도 직원은 잔디밭에 물을 준다. 본인이 왜 잔디밭에 물을 주어야 하는지는 상관할 바도 아니고, 그 이유를 알려고 하지도 않는다. 그저 지시받은 일을 하기만 하면 된다. 중국 직원의 이런 업무 처리 태도는 자의로 판단해서 일을 하다가 조직에 큰 손해를 끼치지 않는다는 장점도 있지만, 전체적으로 업무 진행을 더디게 하고 어떤 경우에는 일을 마비시킨다는 단점도 있다.


마지막으로 업무 수행 결과에 따른 성과급에 대해 알아보자. 중국사람은 금전과 관련된 사항은 철저하게 합리적으로 생각한다. 자신이 담당하는 회사 일을 열심히 하든, 대강 어물쩍거리며 하든, 아예 하지 않든 상관 없이 동일한 금액을 대가로 받는다면 일하지 않는 편이 가장 합리적이라고 중국 직원은 판단한다. 경영자나 관리자가 업무 수행 결과에 대한 보상과 배상 방안을 마련하지 않으면 중국 직원은 직장을 일하는 사무실이나 작업 현장이 아니라 휴식을 취하는 휴게실로 생각할 수 있다.

## 중국사람과 일하려면 매뉴얼을 만들어라

중국은 세계 4대 발명품인 종이, 나침반, 화약, 활판 인쇄술을 발명한 나라다. 유럽과 미국에서는 제임스 와트James Watt가 증기기관을 발명하고 토머스 에디슨Thomas Edison이 전기를 발명했다고 말한다. 하지만 중국에서는 세계 4대 발명품을 어느 한 개인이 만들었다고 하지 않는다.

중국은 개인의 능력보다는 조직의 시스템으로 프로젝트를 진행하는 데 익숙하다. 중국이 세계 4대 발명품을 발명한 것은 발명이라는 '업무'를 담당한 개인이 천재였기 때문일 수도 있지만, 그보다는 발명 프로젝트를 수행하면서 프로젝트를 세분하여 업무 매뉴얼을 만들고 그 업무 매뉴얼의 진행 여부를 점검하는 피드백 시스템이 훌륭했기 때문이라고 생각된다.

중국에서는 규모가 아무리 작은 가게라도 사장이 직원의 업무 수행 매뉴얼과 업무 진행을 점검하는 매뉴얼을 준비한다. 그리고 직원의 업무 진행을 점검하는 매뉴얼에는 반드시 직원의 금전적 이해관계와 관련된 사항을 명시한다. 직원은 업무 진행 결과에 따라 급여 외 장려금을 받지만 직장에 손해를 끼칠 경우 배상을 하기도 한다.

사장이 업무 수행 매뉴얼과 업무 진행 점검 매뉴얼을 준비하지 않고 '내가 직원을 가족처럼 여기고 인간적으로 잘해주니 저 직원도 사람으로서 이만큼 해주지 않겠어?'라고 생각한다면 얼마 지나지 않아 문을 닫아야 한다.

# 4

## 공산당이 없으면 중국도 없다

**"한국사람은 애국심이 강하다"**

한국사람이 중국에 관해 이야기할 때, 대부분 중국이라는 나라와 중국사람을 구분하는 경향이 있다. 국가로써 중국을 떠올릴 때는 공산주의 국가라는 점에서 오는 선입견이 있기는 하지만 오랜 역사와 다양한 문화를 가진 대국大國이라고 생각한다. 하지만 중국사람에 대해서는 '의뭉스러워 속을 알 수 없고 공중도덕을 잘 지키지 않는다'는 시각을 가지고 있다.

마찬가지로 중국사람이 한국에 관해 이야기할 때도, 한국과 한국사람을 구분하는 경향이 있다. 한국이라는 나라는 '과거에 중국 문화를 받아들인 작은 나라'라고 생각하지만, 한국사람에 대해서는 비교적 긍정적인 견해를 갖고 있다. 중국사람이 한국사람에 대해 말하는 긍정적인 부분은 다음과 같다. 첫째, 애국심이 강하다. 둘째, 진취적이고 역동적이다. 셋째, 창조력이 있다. 사람에 따라 생각에 차이가 있지만, 중국사람이 한결같이 말하는 점은 '한국사람은 애국심이 강하다'는 것이다.

그런데 이 이야기를 거꾸로 해석하면, 중국사람은 자신들이 한국사람보다 애국심이 작다고 생각한다는 의미가 된다. 그렇다고 중국사람이 '국가'의 존립에 관심이 없는 것은 아니다. 중국사람이 '국가'와 '국가 공무원' 그리고 '공산당'에 대해 어떻게 생각하는지 살펴보자.

중국사람은 국가를 무엇으로 생각할까. 그리고 중국사람이 국가에 바라는 것은 무엇일까. 기원전 은나라부터 현재까지 중국 역사 5천 년 중 2천 년이 넘는 기간 동안 중국사람은 전쟁을 치렀다. 국경선 너머 이민족과의 전투에서부터 정권 교체기에 일어나는 자국민들 간의 무력시위, 정부의 통제가 미치지 못하는 지역에서 일어나는 도적 떼와의 싸움 등 수많은 사건이 있었다.

중국사람은 진시황제를 존경한다. 중국 춘추전국시대는 기원전 770년

**사진 1-3 진시황제 병마용**
한국사람과 달리 중국사람은 진시황제를
위대한 황제로 생각한다.

부터 기원전 221년까지 550년 동안 전쟁을 치렀던 시기다. 550년 동안의 기나긴 전쟁을 끝내고 중국을 통일한 사람이 바로 진시황제다.

그 시대를 살았던 중국사람이라면 진시황제가 고마웠을 것이다. 전쟁 터에서 언제 죽을지 모르는 병사의 처지는 말할 것도 없고, 그 병사의 부모와 아내는 아들과 남편이 살아서 집에 돌아온다는 사실에 전쟁을 종결한 진시황제를 무척이나 존경했으리라.


## 국가에는 줄 것도 받을 것도 없다

같은 이유로 현재 중국사람은 마오쩌둥毛澤東을 존경한다. 1840년 아편전쟁부터 시작된 중국 대륙에서의 전란은 1949년 마오쩌둥이 중화인민공화국을 건국하면서 끝난다. 중국사람은 이 100여 년 동안 때로는 외국 사람과, 때로는 자국민끼리 전쟁을 치렀다.

사람이 살아가려면 의식주가 필요하다. 하지만 본인이 죽으면 아무것도 필요하지 않다. 그래서 중국사람은 국가가 생활을 해결해주지 못하더라도 사람이 죽는 전쟁만은 막아주기를 기대한다.

중국사람이 생각하는 국가의 역할은 딱 여기까지다. 국가가 전쟁만 막아준다면, 무슨 일을 하든 별 관심이 없다. 그래서 중국사람은 한국사람이 나랏일에 관심을 가지고 자신의 의견을 말하고, 어떤 때는 자신의 시간을 포기하면서 행동으로 생각을 표현하는 모습을 보면서 애국심이 높다고 평가한다. (혹자는 쓸데없이 정력과 시간을 낭비한다고 여기기도 한다.)

한국에서는 국가가 국민, 영토, 주권 세 요소로 이뤄진다고 말한다. 중국에서 국가는 한국의 국가와 조금 다르다. 인민, 국토, 문화 그리고 정부가 필요하다고 한다. 한국에서 국가의 구성 요소 중 하나인 주권은 '국민에게 있다'고 되어 있다. 이를 주권재민主權在民이라 한다. 중국에서 주권은 국가의 구성 요소가 아니다. 그 대신 국가 구성요소로 꼽히는 정부가 있는데, 이는 국가권력을 행사하는 기관이다. 중국사람은 나라에 많은 것을 기대하지 않는다. 받는 게 없으면 주지 않는 게 세상사는 법칙이다. 그래서 중국사람은 나라를 위해 무엇을 하겠다는 생각을 별로 하지 않는 것 같다.

## 중국에서도 공무원은 '철밥그릇'

그럼 중국사람은 나랏일을 하는 공무원을 어떻게 생각하고 있을까. 공무원은 한국에서처럼 중국에서도 인기 있는 직업이다. 한국에서 공무원을 '철밥통'이라 낮춰 부르는 것처럼 중국사람도 공무원을 '철밥그릇鐵飯碗'이라고 부른다. 한국에서나 중국에서나 공무원은 안정적으로 먹고사는 데 큰 문제가 없는 직업이라는 의미로 통한다.

그런데 한국사람과 중국사람이 공무원이 되고자 하는 이유는 다르다. 한국사람은 공무원을 안정성 때문에 선호한다. 만일 돈을 많이 벌고 싶으면 공무원보다는 장사를 하는 게 낫다고 여긴다. 하지만 중국에서는 돈을 많이 벌려면 사업을 벌이기보다 공무원이 되는 게 낫다고 한다.

기원전 100년경 사마천司馬遷은 《사기史記》에서 부자가 되는 세 가지 방법을 언급한다. 그중 가장 좋은 방법이 '학문으로 과거에 합격해 권력과 지위를 얻는 길'이다. 그러니까 부자가 되는 가장 좋은 방법은 공무원 시험에 합격해 권력으로 돈을 버는 것이라는 뜻이다.

청나라 제11대 황제인 광서제光緖帝는 청나라 황제 중 가장 검소했던 인물로 꼽힌다. 광서제가 어느 날 갑자기 수제비가 먹고 싶어 수라간에 수제비를 끓이라고 명했다. 그런데 다음 날 아침 수라간을 담당하는 내무부 관리가 황제에게 보고서를 가지고 왔다. 보고서에는 '황실 수제비 요리 수라간 설립 위원회'를 만들어 수제비를 전문으로 요리할 건물을 한 채 짓고, 수제비 전문 요리사도 새로 채용하고, 수제비 요리 전문 수라간을 관리하는 부서를 만들어야 한다는 내용이 담겨 있었다.

그러자 황제는 '궁궐 남문 밖 요릿집 수제비가 맛있다고 들었다'면서 한 그릇에 한 냥도 안 되니 환관에게 가서 그냥 사오라고 한다. 한참 만에 돌아온 환관은 그 요릿집이 오래전에 문을 닫았다며 수제비 요리 전문 수라간을 짓자고 다시 건의한다.

청나라 시대 공무원들이 황제에게 정말로 맛있는 수제비를 대접하기 위해 전문 수라간을 짓자고 했을까. 그래서 수제비 전문 요리사를 채용하고, 수제비 전문 수라간 관리 담당 부서를 만들려고 했을까. 혹시 이 과정에서 떨어지는 '콩고물'에 관심이 있었던 것은 아닐까. 중국에서 국가 공무원이 어떤 자리인지 바라볼 수 있는 좋은 사례다.

## 시진핑은 주석이 아니라 중국 공산당 제1서기

중국사람이 생각하는 국가 개념과 한국사람이 생각하는 국가 개념은 어떻게 다를까. 이를 보여주는 노래가 있다. 바로 〈공산당이 없으면 중국도 없다沒有共產黨就沒有新中國〉라는 노래다. 이 곡은 1943년에 만들어졌는데, 요즘도 중국 방송에서 자주 들을 수 있으며 학교에서도 학생들에게 가르친다. 이 노래는 제목 그대로 '공산당 조직이 없으면 중국이라는 국가도 없다'는 뜻을 담고 있다. 공산당이 국가보다 더 중요한 것이다.

중국 언론에서는 나라를 사랑하자는 표현으로 애당애국애인민愛黨愛國愛人民이라는 글귀를 자주 사용한다. 순서대로 해석하면 '공산당을 사랑하고, 국가를 사랑하고, 인민을 사랑하자'다. 중국 언론이 사용하는 나라 사랑 글귀에도 공산당이 국가보다 먼저 나온다.

중국에서는 시진핑習近平을 소개하는 자료에서 시진핑의 현재 직함을 '중국공산당 중앙위원회 총서기, 중공중앙군사위원회 주석, 중화인민공화국 주석中國共產黨中央委員會總書記, 中共中央軍事委員會主席, 中華人民共和國主席' 순으로 나열한다. 한국어로 바꿔 표현하면 시진핑은 현재 중국공산당 제1서기, 중국군사 주석, 중국인민공화국 주석에 재임하고 있는 것이다.

제1서기는 중국공산당의 최고위 직함이고, 주석은 공산당 외 다른 조직의 최고위 직함이다. 그러니까 여기서도 중국 공산당, 중국 군대, 중국 국가 순서가 사용된다.

## 공산당과 국가는 별개의 조직

왜 중국에서 공산당이 국가보다 중요한 위치에 자리 잡았을까. 중국 공산당은 1921년 중국에 사회주의 국가를 설립하기 위해 조직되었고, 1927년 이를 위해 인민해방군이라는 군대 조직을 만든다. 그리고 마침내 1949년 중국 공산당은 중국에 중화인민공화국이라는 나라를 세운다.

공산당과 군대와 국가라는 세 개 조직은 만들어진 순서대로 중요하다. 그러니까 1921년 중국 공산당이 만들어지지 않았으면 1949년 중국 국가의 수립도 없었다는 것이다. 그래서 중국에서는 중국 공산당과 중국 국가의 관계를 '중국 공산당은 중국 국가를 만들고 관리하는 단체中國共產黨是中華人民共和國的締造者和領導者'라고 정의한다.

한국과 국가 조직 구조가 다르기 때문에 한국사람이 이해하기는 조금 어렵다. 한국과 비교해보자면 이렇다. 중국에서 중국 공산당은 한국 국회(입법부)와 법원(사법부)의 역할을 맡는다. 그리고 국가와 지방 단체의 비전과 계획을 세운다. 중국에서 국가는 한국 정부의 행정기관처럼 단순히 행정만을 담당한다. 100퍼센트 딱 떨어지는 설명은 아니지만, 업무 수행이라는 측면에서 보면 중국의 국가는 한국의 정부와 비슷한 일을 하는 조직이다.

중국 국민은 13억 7천만 명이고, 중국 공산당원은 8천 800만 명이다 (2016년 기준). 중국 국가에 속한 사람은 13억 7천만 명인데 그중에서 8천 800만 명은 중국 공산당에도 속해있는 것이다. 그러니 13억 중국사람 중 대부분은 국가의 구성원이기는 하되 국가보다 상위 개념인 중국 공산당의 구성원은 아니다. 국가를 사랑하는 마음을 가진 중국사람은 당연히 국가를 설립한 공산당도 사랑하는 마음을 가져야 할 것이다. 하지만 많은 중국사람이 공산당의 구성원은 아니다. 공산당 구성원이 아닌 중국사람은 공산당이 세운 중화인민공화국이라는 국가를 아끼는 마음이, 공산당 구성원보다는 못할 것이다.

2장

# 각자도생하는
# 사회

# 1

## 속이는 사람보다
## 속는 사람이 나쁘다

**가정교육을 들먹인 남자친구**

이해관계를 가지고 중국사람을 상대해본 한국사람은 중국사람이 의뭉스러워 속을 알 수 없으니 절대로 믿지 말라고 한다. 그러면서 중국사람은 잘 속이니 조심하라고 하는데, 이건 틀린 말이 아니다.

하지만 중국사람이 특별히 한국사람만 속이는 것인지, 아니면 한국사람이 어리숙해서 중국사람에게 속는 것인지는 생각해볼 여지가 있다. 결론부터 말하면 중국사람은 중국사람끼리도 잘 속인다. 특별히 한국사람만 속이는 것은 아니다.

중국사람은 '형제 꽌시'가 아닌 사람과 거래를 하거나 같이 일할 때 서로 속이는 일을 당연하게 여긴다. 그러니까 중국사람은 속고 속이는 게 자연스러운 세상 이치라고 생각하는 것이다.

일화를 통해 중국사람이 왜 이런 생각을 하는지 알아보자. 중국 내 한 국회사에서 근무하는 젊은 한국 직원의 이야기다. 이 직원은 여성이었는데, 젊은 여성이라면 누구나 그렇듯이 미용에 관심이 많아 사무실 부근에 있는 조그만 뷰티숍에서 화장품을 구매하는 조건으로 석 달 동안 얼굴 미용 관리를 받기로 하고 일주일에 한 번씩 뷰티숍에 다녔다.

그런데 한 달하고 보름이 지나 관리를 받으러 가보니 가게가 흔적도 없이 사라졌고, 뷰티숍 사장은 연락조차 되지 않았다. 사실 이런 일이야 사람 사는 세상 어디에서나 일어나는 흔한 사기 사건일 것이다. 그래서 이 여성은 위로 받기를 바라는 마음에 사귀고 있던 중국 남자친구에게 사건의 전말을 이야기했다.

그런데 남자친구가 위로는커녕 "너는 한국에서 가정교육을 어떻게 받았기에 이런 일을 당하냐"며 화를 냈다. 한국 여성은 그러지 않아도 뷰티숍 사장에게 속아 기분이 안 좋은데, 중국 남자친구가 속은 자신을 탓하며 덧붙여 한국 부모님과 가정교육까지 들먹이니 더 이상 이런 사람과 만날 필요가 없다는 생각에 헤어지고 말았다.

## '속고 살지 말라'는 어머니의 가르침

중국 남자친구는 왜 한국 여자친구에게 "사기를 당한 건, 뷰티숍 사장이 나쁜 게 아니라 속은 네가 현명하지 못한 탓"이라고 말했을까? 한국사람은 이해할 수 없겠지만 중국사람 입장에서는 이렇게 말한 분명한 이유가 있다.

　한국 어머니가 자식을 키우면서 자주 하는 말은 '경우 바르게 살아라' '남의 눈에 눈물 나게 하면, 후에 네 눈에 피눈물 난다'처럼 대체로 타인의 입장도 고려하며 살아야 한다는 것이다. 그래서 한국에서는 남을 배려하지 않는 사람에게 '가정교육이 잘못됐다'고 말힌다. 이런 영향으로 한국사람은 사회생활을 하면서 자신의 이익 때문에 남을 배려하지 못하는 상황이 생기면 어쩔 수 없이 자신을 위해 행동하면서도 마음 한구석에 '이게 아닌데' 하는 찝찝한 기분을 느낀다.

　한편 중국 어머니가 자식을 키우면서 자주 하는 말은 '남에게 속지 마라'다. 중국 어머니의 이 가르침은 남, 즉 나와 형제 꽌시가 없는 사람은 모두 나를 속이니까 세상 모든 사람을 절대로 믿어서는 안 된다는 뜻이다. 중국 어머니는 아기가 말을 알아들을 때쯤 제일 먼저 '속지 마라'는 말을 해준다. 더불어 속지 않는 방법에 대해서도 세세하게 이야기해준다. 철들면서부터 매일 이런 말을 들으며 자란 중국사람은, 어렸을 때부터 자연스럽게 세상 누구도 절대로 믿어서는 안 되며 다른 사람이 나를 속이는 게 당연하다는 생각을 하게 된다.

　그래서 중국사람은 속지 않기 위해 아무리 조그만 일이라도 거듭 심사숙고해서 결정한다. 어떤 일이든 결정을 내려야 할 때는 긴 시간이 걸린다. 그리고 그렇게 신중하게 결정하였는데도 결국 남에게 속았을 경우, 이런 상황에 대처하는 중국사람의 사고방식은 한국사람과 전혀 다르다.

## 곧은 나무는 있어도, 곧은 사람은 없다

한국사람은 먼저 자신을 속인 상대방을 실컷 욕한 다음, 속은 자신의 처지를 후회한다. 하지만 중국사람은 다른 사람이 나를 속이는 게 당연하기 때문에 자신을 속인 상대방을 탓하지 않는다. 그 대신 어머니가 귀에 딱지가 앉도록 가르쳤는데도 속은 자신이 못났다며 자신을 탓한다. 그러니 앞의 이야기에서 중국 남자친구는 뷰티숍 사장이 손님을 속이는 것을 당연하다고 여긴 것이다.

　"산에는 곧은 나무가 있지만, 세상에는 곧은 사람이 없다山中有直樹, 世上無直人"는 중국 격언이 있다. 이 세상 어디에도 정직한 사람이 없다는 것을 분명하고 직설적으로 말한다. 이렇게 일러놓고도 안심이 되지 않는지 중국사람은 "불가피하게 어떤 사람을 믿더라도, 그 사람이 속일 때를 대비한 대응 방안을 반드시 마련해야 한다莫信直中直, 須防仁不仁"고 조언한다. 죽어도 남을 믿지 말라는 이야기다.


　서로 믿지 못하기 때문에, 중국에서는 일상생활 중 자신이 상대를 속이지 않았다는 사실을 확인할 수 있는 사회 시스템이 많이 마련되어 있다. 직접 농사지은 농산물을 재래시장에 가지고 와서 파는 농민은 과일과 채소를 팔기 위해 계량기를 사용한다. 한국처럼 과일 한 개, 두 개 혹은 채소 한 단, 두 단 단위로 물건을 팔지 않고 모두 한 근, 두 근이라는 단위로 계량하여 거래하므로 계량기는 꼭 필요하다. 상인은 자신이 속이지 않았나는 것을 계량기를 통해 손님에게 확인시켜준다. 그런데도 재래시장 입

사진 2-1 시장 상인과 계량기
중국에서 채소를 사고팔 때 계량기는 필수다. 심지어 이 계량기조차 믿지 못하는 손님을 위해 별도의 표준 계량기가 준비되어 있다.

구와 출구에는 또 별도의 기준 계량기가 있다. 손님은 자기가 산 물건의 양을 여기서 다시 한 번 확인해볼 수 있다.

손님과 상인뿐만 아니라 직원과 사장 사이에서도 쉽게 속일 수 없도록 하는 장치가 마련되어 있다. 중국에서는 규모가 크지 않은 일반 가게에도 사장이 직접 매장을 운영하지 않는 경우, 물건을 파는 직원과 물건 값을 받는 직원을 구분해놓는다. 그러니까 물건을 파는 직원과 물건 값을 받는 직원이 다른 것이다. 어느 손님이 옷을 구매하고 싶다고 해보자. 그럼 그는 먼저 여러 매장을 다니면서 마음에 드는 옷을 골라야 한다. 그 다음 매장 직원과 흥정을 해서 옷 가격을 정한다. 매장 직원은 현금수납증現金繳款單에 상품명과 값을 적어 손님에게 준다. 현금수납증을 받은 손님은 상가 건물 안의 다른 장소에 위치한 현금수납처收銀台로 가야 한다. 그곳에서 현금을 지급하고 현금수납확인증을 받는다. 이제 다시 물건을 사려는 매장에 들러 현금수납확인증을 주고 옷을 받는다. 한국 기업에도 이런 시스템은 존재하지만, 중국에서는 작은 규모의 매장에서도 상품과 현금을 분리해서 관리한다는 특징을 찾을 수 있다.

**사진 2-2 현금수납처 풍경**
사진 오른쪽에 물건 값을 받는 현금수납처가
보인다. 이처럼 중국에는 일상생활에서 서로
속일 수 없도록 하는 시스템이 갖추어져 있다.

## 가격은 흥정이 아니라 토론의 대상

필자가 중국 친구와 택시를 타고 가다 겪은 일이 있다. 가고자 하는 목적
지가 한 시간 이상 걸리는 먼 거리여서 택시를 타기 전에, 미리 택시 기사
와 요금을 흥정해야 했다. 사실 필자는 그곳에 몇 번 가봐서 요금이 얼마
나 나올지 이미 잘 알고 있었다.

그런데 기사는 필자가 외국인이라는 걸 눈치 챘는지 터무니없는 바가
지요금을 말했다. 한국사람인 필자는 당연히 화를 냈고, 기사와 말다툼이
벌어졌다. 하지만 옆에서 지켜보던 중국 친구는 필자를 말리며 조용히 택
시기사와 적정한 가격을 흥정했다. 물론 우리는 흥정 끝에 그 택시를 이
용했다.

필자가 '이러면 저 기사가 나중에 다른 손님에게도 또 바가지를 씌울
것이다'며 화를 풀지 않자 중국 친구는 그럴 필요 없다며 중국사람 입장
에서 이야기를 꺼냈다. 중국사람에게는 남을 속이는 것이 당연하기에 저
기사는 누가 뭐라 해도 앞으로 계속 손님에게 바가지요금을 말할 것이라

는 설명이었다. 그러니 쓸데없는 짓 하지 말라고 덧붙인다.

이런 중국사람의 사고방식을 도무지 이해하지 못하겠다고 하자 중국 친구는 다시 한 번 차근차근 조언했다. 중국사람은 다른 사람이 나를 속이는 게 당연하다고 여기기 때문에, 상대방이 자신을 속이려고 한다는 사실을 알게 되어도 결코 화내지 않는다고 했다. 오히려 상대방이 자신을 속이려 했는데, 자신이 미리 알아채고 속지 않았다며 스스로에게 뿌듯함과 만족감을 느끼기까지 한다고 한다.

한국사람이 중국에서 물건을 살 때 상인이 터무니없이 높은 가격을 제시하면 한국사람은 화를 내거나 비웃는 표정으로 주인에게 무시하는 시선을 보낸다. 그런데 이런 행동은 사실 중국사람을 이해하지 못하는 데서 비롯된다.

한국사람이 생각하는 흥정의 의미와 중국사람이 생각하는 흥정의 의미가 다르다. 이런 경우에는 자신이 원하는 가격을 다시 제시해서 협상하면 될 뿐이다. 중국에서 흥정은 선택이 아니라 필수다.

한국에서는 '싸움은 말리고 흥정은 붙여라'거나 '흥정하는 맛에 물건 산다' 혹은 '깎는 재미에 물건 산다'고 말한다. 한국의 흥정에는 물건 값을 깎는 '치열한' 행위가 아니라 재미있고 즐겁게 물건을 산다는 낭만적 요소가 담겨 있다. 글자처럼, 파는 사람과 사는 사람이 '흥'이 나서 '정'을 나누는 것이다.

중국에서는 흥정을 토가환가討價換價 또는 강가講價라고 한다. 토가환가는 서로 가격을 토익하여 원래의 가격으로 되돌린다는 의미다. 그리고 강가는 서로 가격에 관해 연구한다는 의미다.

## 흥정을 생략하지 마라

중국에서는 상인이 자기가 받고 싶은 최고의 가격을 제시한다. 그러면 손님은 당연히 '주인이 말하는 가격은 나를 속이는 가격'이라고 받아들이고 자신이 원하는 가격을 다시 제시한다. 이렇게 서로 토의하고 연구하여 상품의 원래 가격으로 되돌리는 일이 바로 중국의 흥정이다. 그래서 중국사람은 아주 작은 물건을 거래하더라도 진지하고 치열하게 상의하여 최종 가격을 결정한다.

상품을 구매하는 일 외에도 일상적 계약, 회사 업무, 사업을 위한 계약 등 모든 거래가 위와 같은 과정으로 진행된다. 한국사람이 중국사람과 경제적이든 비경제적이든 어떤 일을 거래하면서 속았다면 중국식 흥정 과정을 생략했기 때문이다. 한국사람이 운이 없어서 혹은 나쁜 중국사람을 만나서 속은 게 아니다. 중국식 흥정 과정을 거치지 않았기 때문이고, 한국식 흥정 방식으로 거래한다면 앞으로도 계속 속게 될 것이다.

중국사람에게 속은 적이 있다면, 그리고 언젠가 속게 된다면, 중국사람을 탓하지 말고 중국 어머니의 가르침을 떠올려보기 바란다. 이런 중국사람의 사고방식은 옳다 그르다의 가치판단 대상이 아니다. 그들에게는 당연한 세상사는 이치일 뿐이다.

# 중국사람도 못 믿는
# 중국 유통망

## 5천 년 역사에서 가장 우둔한 사람

중국 어머니는 자식에게 "속지 마라"는 가르침을 전한다. 그렇다면 그 말 뒤에는 어떤 말이 따를까. "그렇지만 너는 남을 속이지 마라"일까 아니면 "그러니까 너도 남을 속여라"일까. 이는 아무래도 중국사람에게 직접 물어봐야 확실할 것이다. 하지만 이런 민감한 주제를 똑 부러지게 답하기가 어디 쉽겠는가. 이 질문에 중국 친구는 사자성어 '송양지인宋襄之仁' 이야기로 답을 대신했다.

중국사람이 5천 년 역사에서 가장 우둔하고 어리석다고 평가하는 사람이 바로 송나라 양공襄公이다. 양공에서 양은 성씨고 공은 식위를 뜻하는데, 공이란 국가를 통치하는 직위로 왕과 같다. 그러니까 송양지인은 춘추전국시대 송나라 양 임금이 인仁에 따라 행동한 일화를 말한다.

춘추전국시대는 전쟁이 끊이지 않던 550년의 기간을 뜻한다. 먼저 기원전 770년부터 기원전 403년까지의 춘추시대에는 200여 개에 달하던 나라들이 서로 전쟁을 벌인 끝에 10여 개 나라만 살아남았다. 그후부터 기원전 221년까지의 전국시대에는 일곱 나라가 180년 동안 전쟁을 벌였는데, 마지막에 진나라 시황제가 중국을 통일한다.

송나라 양공은 이런 춘추전국시대에 국가를 통치한 임금이었다. 양공이 태어난 해는 확실하지 않으나 기원전 637년에 사망했다고 하는데 공자가 기원전 551년에 태어났으니, 양공이 공자보다 백 년 이상 먼저 살다 간 사람이다. 하지만 양공은 훗날 공자가 설파하게 될 '인의仁義'에 따라 송나라를 운영했다. 그래서 송나라는 인의仁義 두 글자가 적힌 깃발을 군에서 사용했다.

아직 공자와 맹자가 태어나지도 않았을 시대니, 양공이 생각했던 인의란 공맹의 유교 개념이 아니라 일반적인 의미에 가까웠을 것이다. 인仁은 사람 인人 자와 두 이二 자가 합쳐지며 만들어졌다. 원래는 사람이 친하게 지낸다는 의미였는데, 남을 사랑하고 어질게 행동한다는 의미로 뜻이 확장됐다. 의義는 상서로울 양羊 자와 나 아我 자가 합쳐진 글자로, 본디 '상서로운 우리'라는 의미에서 사람으로서 지키고 행해야 할 바른 도리라는 의미로 뜻이 넓어졌다.

## 적군에게 기회를 준 송나라 양공

자, 이제 양공이 인과 의에 따라 어떻게 행동했는지 알아보자. 기원전 638년 중국 하남성에 있는 홍수라는 강에서 송나라와 초나라가 전쟁을 벌였다. 송나라 군대를 직접 지휘한 양공은 이 강에 먼저 도착해 유리한 지형에 진을 치고 초나라 군대를 기다렸다.

때마침 초나라 군대도 도착했다. 송나라 군대가 이미 유리한 곳을 차지했으니 초나라 군대는 전투를 위해 강을 건널 수밖에 없었다. 초나라 군대가 강을 건너기 시작하자 송나라 신하가 양공에게 급히 아뢰었다.

"저들이 강을 건너는 지금 공격하면 이길 수 있습니다. 당장 공격할까요?"

하지만 양공은 호통을 쳤다.

"저기 우리 깃발을 보아라. 깃발에 인과 의가 새겨져 있는데, 어떻게 위기에 빠진 상대방을 공격하겠느냐! 위기에 처한 자를 공격하는 건 어짊과 의로움에 맞지 않는 일이다."

결국 양공은 공격 명령을 내리지 않았다. 이윽고 초나라 군대가 강을 건너 진을 치기 시작했다. 초초해진 송나라 신하가 또 양공을 재촉했다.

"초나라 군대가 강을 건넜지만 아직 진을 펼치지 못했으니, 지금 공격하면 이길 수 있습니다. 공격할까요?"

양공이 답했다.

"완전히 진을 펼치지 못한 상대방을 공격하는 일은 인과 의에 맞지 않다!"

공격 명령은 내려지지 않았다. 결국 초나라 군대는 진을 완성했고, 이런 상태에서 공격을 가한 송나라 군대는 처참하게 패배했다. 양공도 상처를 입어 이듬해 죽고 만다.

그 후로 중국사람은 어리석고 우둔한 자를 비아냥거릴 때 송양지인이라는 사자성어를 사용했다. 백여 년 후 공자가 유교 사상인 인을, 또 다시 백여 년 후 맹자가 유교 사상인 의를 만들어 한창 전쟁 중인 여러 나라를 방문해 설파했지만, 이미 송양지인을 알고 있는 통치자들에게는 씨알도 먹히지 않는 소리일 뿐이었다.

## 타오바오 거래 물품 중 63퍼센트가 가짜

중국 여행객은 한국에서 쇼핑하기를 좋아한다. 한국 백화점에 들러 한국 상품과 유럽 브랜드 상품을 산다. 사실 중국사람은 한국에 직접 오지 않고 중국에 있는 중국 백화점에서도 한국 상품과 유럽 브랜드 상품을 살 수 있다. 그런데 왜 여행 경비를 들이며 타국까지 와 쇼핑할까.

한국 상품에 한해서라면 일면 이해가 되기도 한다. 생산지인 한국에서 방금 출시된 물건을 사는 게 기분 좋은 일이기는 하니까. 하지만 중국 백화점에도 있는 유럽 브랜드 상품을 굳이 한국 백화점에서 사는 이유는 쉽게 납득하기 어렵다. 그 이유는 다음과 같다.

한국에서 '상품'은 당연히 정상적으로 제조된 물품을 말한다. 유닝브랜드 상품을 모방한 이미테이션 제품, 소위 짝퉁이 거래되기는 하지만 그리 많지 않다. 중국에서는 상품이라는 단어 대신 두 가지 말이 쓰인다. 첫째, 상품이 정상적으로 생산돼 정상적으로 유통되는 경우 이를 상품이라고 부르지 않고 정품正品이라는 용어로 표현한다. 둘째, 상품이 비정상적으로 생산돼 비정상적으로 유통되는 경우 가화假貨(가짜 상품)라는 이름으로 부른다.

그러니까 상품이라고 하면 진짜 상품인 정품인지 가짜 상품인 가화인지 알 수 없기 때문에 상품이라는 단어를 잘 사용하지 않는다. 얼마나 많은 가짜 상품이 생산되고 유통되는지 잘 보여주는 증거다.

중국도 인터넷과 모바일을 통한 온라인쇼핑 시스템이 발달해 있다. 2016년 기준 총 소비자 구매액 중 인터넷 구매 비율이 14.5퍼센트에 달했다고 하니 지금은 그 이상일 것이다. 중국에서 가장 규모가 큰 인터넷쇼핑몰은 타오바오淘宝网다. 그런데 2015년 중국공상총국 발표에 따르면 타오바오에서 취급하는 상품 중 정품 비율이 37.25퍼센트라고 한다. 타오바오 인터넷 쇼핑몰에서 취급하는 상품 셋 중 둘은 가짜 상품이라는 것이다.

그래서 타오바오는 소비자에게 상품에 대한 신뢰를 주기 위해 입점 요건이 강화된 티앤마오天猫라는 별도의 인터넷쇼핑몰을 따로 운영한다. 티앤마오는 상품을 생산하는 제조회사가 직접 운영하는 직영점 형태를 띠고 있으며, 입점하기 위해서는 정품만을 취급하겠다는 서류를 작성해야 할 뿐만 아니라 별도로 10만 위안(한국 돈 1천 700만 원가량)에 달하는 보증금을 내야 한다.

**사진 2-3 중국 100위안 지폐**

중국 100위안 지폐를 자세히 살펴보면
고양이 무늬를 찾을 수 있다. 사진 중앙에
위치한 동그라미 두 개가 눈으로, 고양이
가 시계 방향으로 누워 있는 모습이다.

티앤마오는 검은 고양이黑猫를 로고로 삼고 있다. 중국 전통문화에서
검은 고양이는 사람에게 복을 주고 요괴와 마귀를 막아주는 상서로운 동
물로 통한다. 그래서 중국 최고액 지폐인 100위안 배경 그림에도 흑묘 모
습이 있다. 티앤마오의 검은 고양이는 요괴와 마귀를 막는 게 아니라 가
짜 상품을 막고 있지 않을까.

## 물건을 살 때 '세 번'은 비교하라

중국에서는 가짜 상품도 종류와 질이 다양하다. 그렇기 때문에 가화의 품
질에 따라 종류를 세분해 몇 가지 호칭으로 나눠 부른다. 제조는 정상적
인 방법으로 되어 정품과 똑같은 품질을 가지고 있으나 해외 밀수 또는
세금 회피를 위한 비정상적 경로로 유통되는 상품을 수화水貨라고 한다.
정상적으로 제조되지는 않았으나 정품과 거의 같은 품질을 가진 가짜 상
품은 고방품高仿品(높은 수준의 모방품) 또는 A화A貨라고 부른다. 마지막으로 품
질이 아주 떨어지는 가짜 상품은 가뢰위伪劣라고 한다.

**사진 2-4 중국 라면 캉스푸(좌)와 캉스보(우)**
정품 라면인 캉스푸와 이를 따라한 캉스보의 포장지. 자
세히 보면 글자가 조금 다르다.

　이렇게 가짜 상품이 많다 보니 중국 소비자는 비싼 물건을 살 때 꼼꼼
히 정품 여부를 따진다. 나와 형제 꽌시가 아닌 사람이 운영하는 온라인
쇼핑몰, 일반 상점, 슈퍼, 마트, 백화점, 면세점에서 취급하는 상품을 믿지
않는다. 그래서 중국 여행객은 한국에 와서 한국 백화점과 면세점을 찾고
유럽 브랜드 제품을 사는 것이다.

　중국 속담 중 '물건을 살 때는 반드시 가게 세 곳에 들러 비교해야 된다
貨比三家不吃虧, 貨比三家不上當'는 말이 있다. 여기에는 적정한 가격으로 물건을
사기 위해서 가게 세 군데에 들러야 한다는 의미도 있지만, 정품을 사기
위해서는 가게 세 곳에 들러 진짜인지 가짜인지 확인해봐야 한다는 의미
도 담겨 있다.


　중국에서 제일 유명하고 시장 점유율이 높은 라면회사는 캉스푸康師傅
다. 시장에 갈 때마다 가짜 캉스푸 라면을 발견할 수 있다. 가짜를 만드는
회사들은 이름을 살짝 바꿔 탕스푸唐師傅나 캉스보康師博라고 겉포장에 인
쇄해놓는다. 또 중국에는 같은 발음을 가진 글자가 많기 때문에 캉스푸康
師傅를 캉스푸康師父로 글자만 바꾸기도 한다. 한국에서 '나이키'를 '나이스'
로 바꾸는 것과 같다. 중국 라면 시장 점유율 1위인 캉스푸도 가짜 상품

관리가 쉽지 않나 보다.

어떤 한국 상품이 중국 소비자에게 인기를 얻어 잘 팔리게 되면, 한두 달 안에 중국에서 똑같이 생긴 가짜 상품이 생겨난다. 상품 포장 상자부터 용기까지 99퍼센트는 동일하게 만들어 언뜻 보면 거의 구분이 되지 않는다. 물론 상품 내용물은 다르다. 그러면 해당 상품을 개발하고 광고한 한국 회사는 가짜 상품이 생겨나 손해가 발생했다면서 여러 가지 대응책을 마련한다.

그런데 중국 시장에 가짜 상품이 유통되면 그 상품을 생산하는 한국회사는 손해를 입기도 하지만 되레 더 큰 이익을 보기도 한다. 중국산 가짜 상품이 나오면 '얼마나 잘 팔리는 물건이기에 가짜까지 나왔을까'라는 인식을 중국 소비자에게 심어준다. 가짜 상품이 한국 해당 상품을 홍보해주는 경우도 있다. 중국 언론에서 발표하는 가짜 상품 리스트가 있는데, 여기에 한국 해당 상품이 포함된다면 더 이상의 광고는 필요 없다.

혹시나 중국사람이 물건을 사면서 그것이 진짜인지 가짜인지 구분하지 못하는 것은 아닐까 걱정하지 않아도 된다. 어려서부터 어머니에게 '속지 마라'는 교육을 받은 중국 소비자는 진짜와 가짜 상품을 구별하는 능력이 탁월하다. 적정가 이하로 산 상품이 진짜라고 생각하는 중국사람은 아무도 없다.

# 3

# 때로는
# 선행이 소송을 부른다

## 측은지심과 수오지심

중국사람은 상대가 자신과 얼마나 친분이 있는지, 어떤 이해관계로 얽혀 있는지에 따라 행동한다. 그런데 특별한 꽌시로 묶여 있지도 않고 딱히 이해관계도 없는 경우에는 어떻게 행동할까.

성선설을 주장한 맹자는 사람은 원래부터 어진 마음이 있기 때문에, 우물에 빠지려는 아이를 보면 그냥 보아 넘기지 못하는 마음이 생긴다고 한다. 이것이 바로 측은지심惻隱之心이다. 하지만 이런 어진 마음이 생각에만 머문다면 아무런 의미가 없기에 사람은 반드시 어진 마음을 따라 행동義, 义해야 한다고 강조한다. 그래서 의롭게 행동하지 못하는 자신을 부끄러이 여기고, 의롭게 행동하지 않는 다른 사람을 미워하는 마음, 즉 수오지심羞惡之心이 필요하다고 한다.

사람 마음속에 본디 어진 마음이 있다고 주장하는 맹자도 사람이 어진 마음을 따라 실제로 행동하는 것은 어렵다고 생각했다. 그래서 맹자는 사람이 의롭게 행동할 수 있도록 사람들에게 '의仁'를 가르쳐야 한다는 유교 사상을 만들었다.


## 인민영웅이 된 청년 '레이펑'

1962년 인민해방군에서 근무하던 레이펑雷鋒이라는 군인이 스물둘 젊은 나이에 교통사고로 사망했다. 그런데 장군도 아니고 사병에 불과했던 그의 장례식에 10만 명 넘는 사람이 참석해 마지막 가는 길을 지켜주었다. 그는 평범한 군인이 아닌 중국 인민영웅이기 때문이었다. '좋은 사람은 어떤 보답도 바라지 않고 좋은 일을 한다'는 뜻의 고사성어 호인호사好人好事라는 말이 그의 이름에 붙었다.

레이펑의 위상이 얼마나 대단한지 궁금할 때는 교과서를 펼치면 된다. 그의 이야기는 1963년부터 현재까지 초등학교 국어国学외 도덕思想品德교과서에 실려 어린이가 본받아야 할 모범으로 소개된다. 당연히 그에 관한 영화와 드라마도 만들어졌고 책도 발간되었다. 그를 기리는 우표가 발행됐으며 동상도 세워졌다. 그의 고향인 호남성 장사시와 근무지였던 요녕성 부순시에는 기념관이 들어섰는데, 중국 학생들은 이곳에 꼭 한 번씩은 방문한다.

## 영웅의 자격을 두고 일어난 논란

그는 도대체 어떤 일을 했기에 이런 대접을 받는 것일까. 레이펑이 한 일은 사실 대단한 게 아니었다. 주둔하던 군부대 마을에 사는 노인 집에 가서 음식을 나누어 먹었다거나, 동료가 어려운 일이 생기면 적극적으로 나서서 도와주었다는 정도다. 일상생활 중 생기는 소소한 에피소드 수준이다. 그렇다면 이런 레이펑이 왜 인민영웅이 되었을까.

중화인민공화국이 건국되기까지 100여 년 동안 중국은 몹시 혼란스러웠다. 어진 마음을 가지고 섣불리 행동하기 보다는 내 목숨을 귀하게 여겨야 했다. 그러니 1949년 중국을 통일한 중화인민공화국 입장에서는 팍팍해진 중국사람들의 마음을 어루만지는 일이 중요했다. 국가 책임자는 '전쟁 기간 동안 남보다 나를 먼저 챙기는 데 익숙해진 이들이 어떻게 하면 서로 배려하고 도와주며 살아가게 될까'를 열심히 고민했을 것이다.

그저 선한 군인이었던 레이펑이 인민영웅으로 추대된 사연은 여기에 있다. 그는 한마디로 만들어진 영웅이다. 물론 정치적 의도를 가지고 영웅을 만들어 이용했다면 문제가 있겠지만, 이 경우는 서로 도우며 살아가자는 의식을 고취하기 위한 목적이었으니 국가가 착한 거짓말을 했다는 정도로 이해할 수 있다.

지금도 중국 인터넷에는 그에게 인민영웅 자격이 없다는 내용의 글이 많이 올라오고는 한다. 그를 영웅으로 부르는 이들조차 그의 업적을 늘어놓기 보다는 그가 남을 많이 도와준 착한 품성의 젊은이임이 확실하다는 식으로 이야기할 뿐이다. 그러면서 어느 시대나 본보기로 삼아야 할 대상은 필요한데 그가 선한 마음을 가지고 살았기 때문에 충분히 인민영웅이 될 자격이 있다는 논지다.

2009년 9월, 중국 건국 60주년을 맞아 건국 이후 각 분야에서 중국을 빛낸 100명100比特新中國成立以來感動中國人物이 선정되었다. 여기에도 레이펑의 이름이 포함된다. (참고로 이 100명 중에는 마오쩌둥의 아들이자 한국전쟁에 참전했다가 미군 폭격으로 죽은 마오안잉도 있다.) 이제 레이펑을 모르는 중국사람은 없다. 하지만 중국사람이 제2의 레이펑이 되기 위해서는 넘어야 할 고비가 있다.

## 남을 돕기 전에 CCTV부터 찾아라

레이펑이 중국을 빛낸 인물로 선정되고 두 달이 지난 2009년 11월 중국 중경시에서 일어난 일이다. 중학교 2학년 학생이 길에 쓰러져 있는 노인을 발견하고 학교에서 배운 인민영웅 사례처럼 노인을 도와서 일으켜 세워준다. 그런데 그 후 전혀 예기치 못한 엉뚱한 상황이 발생한다. 길에서 일어난 노인이 학생에게 도와줘서 고맙다고 말하기는커녕, 학생이 자신을 밀어서 넘어져 다쳤다며 학생 부모에게 배상을 요구하는 소송을 제기한다. 결국, 중학교 2학년 학생과 부모는 피고로 법정에 선다.

다행히 주변에 있던 사람들이 증언을 해줘 학생 부모가 배상하지 않는 것으로 사건은 해결된다. 하지만 중국에서 이 사건이 언론에 소개되자 사회적으로 큰 파문이 일어났다. 이 사건을 소개한 언론 기사 제목은 〈'레이펑을 본받아 노인을 도와주었는데, 이게 잘못된 건가요'라고 묻는 학생에게 뭐라고 대답해야 하나〉였다.

또 다시 시간이 지나 2010년 말, 중국 복건성 복주시에서 다른 사건이 발생한다. 여든 먹은 노인이 갑자기 길에 쓰러졌다. 주위에 사람이 많았지만 누구도 노인을 도와주지 않았다. 다행히 어느 젊은 여성이 황급히 노인에게 다가가 안색을 살폈고, 그 노인에 가지고 다니는 구급약이 있는지 물어보았다. 하지만 주위에 있던 사람들은 여성을 만류했다. 여성은 결국 노인에게 아무런 도움을 줄 수 없었다. 이 노인은 끝내 길에서 사망하고 만다.

'펑츠'라는 중국 단어가 있다. 한국어에는 딱히 없는 말인데 한자를 풀어 설명하자면, 펑츠의 펑碰은 '부딪혀 깨진다'라는 뜻이다. 츠瓷는 '도자기'를 의미한다. 그러니까 '도자기가 부딪혀 깨진다'는 소리다. 펑츠라는 단어의 유래는 무엇일까. 중국에서는 옛날부터 길가에 자리를 펴고 도자기유물을 파는 사람이 많았다고 한다. 그런데 도자기 유물을 파는 사람이 의도적으로 사람이 다니는 길 가까이에 도자기를 놓아두어 지나가는 사

**사진 2-5 '펑츠'를 검색한 결과**
중국 포털 사이트 바이두에서 '펑츠'를 검색한 결과. 언론 매체가 펑츠 관련 기사를 다룬 건수가 약 3만 2천여 건에 달한다는 사실을 확인할 수 있나. 그만큼 펑츠는 중국에서 자주 언급되는 문제다.

람이 발로 도자기를 건드려 깨뜨리게 하고는 도자기 값 보상을 요구했다고 한다.

한국 뉴스에서 볼 수 있는 사건 중 음주운전 하는 승용차를 골라 의도적으로 접촉사고를 내게 하고 합의금을 요구하는 경우가 떠오른다. 그러니까 만일 길에 쓰러진 노인이 사실은 아픈 척을 했을 뿐이라면, 그래서 누가 도와주기를 바라고 있다가 사실은 저 사람이 본인을 밀어서 쓰러진 것이라며 병원비를 요구한다면 이를 중국사람은 펑츠라고 부른다.

2015년 7월 중국 쓰촨성에서 이런 펑츠 사건이 일어났다. 노인이 자전거를 타고 도로를 건너다 넘어졌다. 다행히 자전거를 타고 주위를 지나던 학생이 급히 자전거에서 내려 노인에게 다가가 다치지 않았는지 물어보았다. 하지만 노인은 학생 자전거에 부딪혀 넘어졌다며 학생에게 배상을 요구했다. 다행히 주변에서 상황을 지켜본 사람들이 노인을 나무라서 노인은 아무 말 없이 가던 길을 갔다.

상황이 이렇게 되자 펑츠를 당하지 않는 방법이 인터넷에 퍼진다. 노인이 길에 쓰러져 다쳐서 아무리 위급한 상황이라도 노인을 돕기 전에 먼저 자신의 선행을 증명해줄 CCTV가 주변에 있는지 그리고 주위에 자신의 선행을 진술해줄 다른 사람이 있는지를 반드시 확인한 후에 도와주어야 한다는 것이다.

중국에서는 코미디를 소품小品이라고 하는데 중국 텔레비전 소품 프로그램에서는 이런 노인 펑츠를 소재로 시청자에게 웃음을 주기도 한다. 아마도 시청자는 펑츠 코미디를 보며 서글픈 웃음을 지을 것이다. 웃고 있어도 눈물이 나는 상황이나.

## 500원짜리 보험

2013년 중국 위생국이 발표한 〈실족 노인 대응 지침老年人跌倒干預科技指南〉에 의하면 65세 이상 노인이 상해로 사망하는 원인 중 실족으로 인한 건수가 첫 번째라고 한다. 그러니까 노인이 차 사고로 죽는 경우보다 길에 쓰러 져서 죽는 경우가 더 많다는 것이다.

길에서 쓰러져 죽는 노인이 많지만, 주위 사람들은 돕고 싶어도 펑츠를 당할까봐 함부로 돕지 못하는 상황이 벌어진다. 이런 상황을 타개하기 위 해 이런저런 방법이 시도되었지만 별 효과가 없었다.

그러던 차에 중국 IT 기업가로 세계 부자 순위 27위(2015년 기준)에 오른 마윈馬雲이 한국사람 사고방식으로는 도저히 생각할 수 없는 해결책을 꺼 낸다. 2015년 10월부터 마윈은 즈푸바오支付寶 프로그램(중국 최대 온라인 쇼 핑몰인 '타오바오'에서 물품 대금을 결제하기 위해 사용하는 온라인 결제시스템으로 알리페이 (Alipay)라고도 한다.)에 '노인 도와주기 보험'을 만들어 팔고 있다. 3위안(한국 돈 5백 원가량)을 내고 보험에 가입한 후 노인을 도와주다가 펑츠를 당하면 변호사비를 포함한 법률 소송 비용을 2만 위안(한국 돈 3백 4십만 원가량)까지 보상해준다. 그러니까 이 보험에 가입하면 펑츠 염려 없이 안심하고 노인 을 도와줄 수 있다는 것이다.

이런 문제를 보험이라는 금융상품으로 해결하겠다는 시도는 대단하게 생각되지만, 보험에 가입하면서까지 남을 도와야 하는지 의문이 든다. 과 연 앞으로 중국사람은 어떻게 이 문제를 해결할지 궁금하다.

# 4

## '하오'를 '좋다'로
## 해석하면 오역

**'할 일이 없으면 집에나 가라'**

중국에서 펑츠는 최근 갑자기 시작된 현상이 아니라 아주 오래 전부터 있었던 일이다. 그래서 중국사람은 펑츠를 당하지 않도록 다른 사람 일에는 절대로 참견하지 않아야 한다는 생각을 가지고 있다.

길 가다 넘어진 아이를 일으켜 세웠는데 아이의 어머니가 쫓아와 '너 때문에 내 아이가 넘어지며 아이스크림을 떨어뜨렸으니 그 값을 물어내라'고 했다는 이야기나 앞집 사람이 마당에 이불을 널어놓고 집을 비운 사이에 비가 내려서 이불을 걷어주었는데 이불 주인이 찾아와 '이불을 도둑맞은 줄 알고 새로 샀으니 이불 값을 보상하라'고 했다는 이야기를 듣다보면 자연스레 타인을 향한 무관심에 익숙해진다.

그런데 이런 무관심은 자신에게 직접적인 이해관계가 없는 세상 모든 일에 무관심해지는 단계로 발전한다. 다음 글귀를 읽어보자.

> "무슨 일이 생기더라도 관여하지 말고, 누가 어떤 일을 물어도 모른 다고 하라. 나와 관계없는 쓸데없는 일에는 관여하지 말고 집에나 일찍 돌아가라見事莫說, 問事不知; 閒事休管, 無事早歸."
>
> —《증광현문》

자신과 이해관계가 없는 일에는 절대 관여 말고 무관심하게 대하라는 의미다. 이 구절에 나오는 한사휴관閒事休管이라는 사자성어의 유래가 재미 있다. 고대 중국에는 고양이가 없었기 때문에 집에서 키우는 개가 쥐를 잡 았다. 그러다가 한나라(기원전 206년~기원후 220년) 시기 고양이가 인도에서 중 국으로 전래한 후부터 비로소 중국에서도 고양이가 쥐를 잡기 시작했다. 그래서 집에서 기르던 개가 할 일이 없어졌는데, 빈둥거리던 개가 옛날 버 릇대로 쥐를 잡자 개 주인이 '저 개는 쓸데없는 짓을 벌일 정도로 할 일이 없다'며 개를 잡아먹었다고 한다. 그러니까 개처럼 불필요한 일에 나서다 가 낭패당하지 말고 할 일이 없으면 집에 돌아가 쉬는 게 낫다는 결론이다.

## 사촌이 땅을 사도 '그러거나 말거나'

중국사람은 자신과 이해관계가 없는 일에는 철저히 무관심하다. 타인이 잘못되어 어려움에 부닥쳐도 무관심하지만 반대로 타인이 잘되어 돈이나 명예를 얻어도 무관심하다. 중국에는 '사돈이 논을 사면 배가 아프다'거나 '사촌이 땅을 사면 배가 아프다'와 같은 속담이 없다.

한국에서 '연분'이라는 단어는 서로 관계를 맺게 되는 인연이 생긴다는 의미로 주로 남녀 간의 만남에 사용된다. 그래서 한국에서는 남녀가 정이 생기면 서로 '연분이 났다'고 한다. 하지만 중국에서는 남녀 간의 만남 외에 동성인 두 사람이 우연히 다시 만나는 경우에도 '연분'이라고 한다. 중국에서는 서로 의도하지 않았는데 다시 만나 친하게 됐을 경우 연분(중국어 발음 '위앤펀')이라고 부른다.

중국은 땅도 넓고 사람도 많기 때문에, 한 번 만난 사람을 우연히 다시 만날 확률이 거의 없다. 그래서 중국사람은 처음 만나는 사람한테 철저히 무관심하다. 그리고 그 후에 그 사람을 계속 만나더라도 자신과 이해관계가 없는 한, 계속 무관심하게 대한다.


## 자신과 이해관계가 없다면

중국사람이 자신과 이해관계가 없는 사람을 만나 이야기할 때 가장 많이 사용하는 단어가 '하오好'다. '하오'는 한국어로 흔히 '좋다'라고 번역된다. 그런데 '하오'의 정확한 의미는 '당신이 그러든지 말든지'에 가깝다.

좀 더 직설적으로 표현하면 '나와는 전혀 관계가 없으니 당신이 그런 말을 하든 말든, 그런 생각을 하든 말든, 그런 행동을 하든 말든 내 알 바가 아니다'는 뜻이다. 몇 번 만나 서로 얼굴을 익히게 되면 '하오'보다는 조금 관심을 표현하는 '씽行'이라는 단어를 사용한다. '씽'은 '하오'보다 긍정적인 의미가 있다.

그리고 많이 만난 사이이기는 하지만 아직 꽌시 관계가 아닌 경우에는 어떨까. 상대방이 무언가 결정을 하고 이렇게 하면 어떻겠냐고 물으면 '메이원티沒問題'라고 답한다. '메이원티'는 한국어로 '아무 문제없다'로 번역되지만 중국사람의 '메이원티'는 '아마도 잘될 것이다'로 받아들여야 한다. 직설적으로 표현하자면 '나에게는 아무 이해관계가 없는 일이니 나한테는 아무 문제가 없다. 나는 그 일이 잘될지 안 될지 알 수 없으니, 당신이 좋은 대로 하라'는 의미다. 자신에게는 아무 관계가 없다고 말하기는 너무 야박하니 '나한테는 아무 문제가 없다'며 듣기 좋게 표현하는 것이다. 마음속으로는 상대의 생각과 행동이 틀렸다고 느껴져도 자신과 이해관계가 없는데 굳이 관심을 가질 이유가 없다고 중국사람은 판단한다.

## 비교하지 않는 중국식 개인주의

서로 꽌시 관계이거나 상대방의 질문에 성의를 가지고 긍정적으로 답변할 때는 '메이셜沒事'이라고 한다. '메이셜'을 직설적으로 표현하면 '나와 이해관계가 조금 있기는 하지만 내가 충분히 받아들일 수 있다. 그러니 당신이 그렇게 해도 된다'라고 할 수 있다.

하지만 여기서 당신이 그렇게 해도 된다는 의미는 '네가 네 생각대로 일을 진행하면서 혹시 나에게 생길 수 있는 손해 부분을 내가 받아들일 수 있다'는 의미지, '네가 생각하는 일이 잘될 것으로 생각한다'는 의미는 아니다.

마지막으로 한국과는 전혀 다른 의미로 사용하는 '메이꽌시沒關係'라는 표현이 있다. '메이꽌시'는 한국어로 '나와는 관계가 없다'라고 번역된다. 그래서 한국에서는 어떤 일에 내가 전혀 관련이 없으면 '그 일은 나와 전혀 관계가 없는 일이다'라고 한다. 하지만 중국에서는 상대방이 어떤 실수를 하고 사과를 할 때 괜찮다는 의미로 '메이꽌시'라고 한다.

중국사람은 자신과 꽌시가 없는 주변 사람에게는 철저하게 무관심하다. 주변 사람이 위기 상황에 빠져도 아무런 도움을 주지 않고 강 건너 불구경하듯이 바라봐 사회적으로 지탄을 받기도 한다. 하지만 반대로 주변 사람이 성공해 잘살게 되어도 시기하거나 질투하지 않는다. 어쩌면 타인과의 비교에서 벗어나 개인적으로는 평안한 마음을 즐기며 살아갈 수 있는 사고방식일지도 모른다.

3장

붉은
자본주의의
나라

# 2천 년 전부터
# 중국은 자본주의였다

## 돈에 관해서라면 적나라한 사람들

1966년 중국 문화대혁명 시기 작곡가 리지에푸李劫夫는 〈마오쩌둥이 부모보다 좋다爹親娘親不如毛主席親〉라는 노래를 만들었다. 국가 이데올로기 유행가를 만든 것이다. 중국사람은 지금도 이 노래를 자주 부른다. 노랫말 중에는 '공산당의 은혜가 하늘땅보다 크고, 마오쩌둥이 부모보다 좋다'는 구절이 있다. 중국에서는 공산당이 국가보다 상위 개념이고 마오쩌둥이 공산주의 사상을 기반으로 하는 나라를 건국했으니, 중국 국가 입장에서는 당연히 이런 가사를 만들어 '공산주의 마오쩌둥 사상이 부모보다 좋다'는 생각을 홍보하고 건국자 마오쩌둥을 높이려고 했을 것이다.

그런데 언제부터인지는 정확히 알 수 없지만 중국사람은 이 노래를 부르면서 가사를 살짝 바꾸기 시작했다. '마오쩌둥이 부모보다 좋다'라는 구절을 '돈이 부모보다 좋다爹親娘親不如錢親'로 개사한 것이다. 국가 입장에서는 마오쩌둥이 훌륭할지 몰라도 개인의 입장에서는 마오쩌둥보다 돈이 더 좋다는 듯이 느껴진다. 공식 석상에서는 원래 가사로 부르지만 실제 생활에서는 이렇듯 돈이 좋다는 생각을 솔직하게 표현한다. 국가 공산주의를 홍보하는 노래인데 돈이 좋다는 내용으로 바꿔버렸으니 국가 기관에서 조치할 만도 할 것 같은데, 중국 정부도 사실이 그렇다고 인정해서일까, 별다른 반응이 없다.

## '공부 안하면 너도 저렇게 된다'

세상 어느 나라에서나 부모는 자식에게 성실히 공부하라고 한다. 마찬가지로 중국 부모들도 자식에게 열심히 공부하라고 한다. 그런데 중국 부모가 자식에게 하는 설명은 조금 적나라하다. 중국 부모는 자식과 길을 걷다가 청소부를 보면 "너도 공부하지 않으면 돈을 벌 수 없고, 돈을 벌지 못하면 저렇게 길에서 청소해야 한다"고 가르친다. 자식에게 어려서부터 돈이 중요하다고 확실하게 알려주는 것은 좋지만, 바람직한 교육 방법은 아니다.

2014년 중국 정부도 옳지 못한 교육이라고 생각해서인지 부모들에게 이런 식으로 자식을 가르치지 말라는 공익광고도 만들어 방송한다. 2014

년 방송된 중국 정부의 공익광고는 이렇다. 첫 번째 화면에서는 어머니가 길에서 청소부를 보며 위의 내용대로 자식에게 '공부 안하면 너도 저렇게 된다'고 말한다. 두 번째 화면에서는 같은 상황에서 자식에게 '열심히 공부해서 돈을 많이 벌어 청소부를 도와주는 사람이 되라'고 말한다. 조금 유하게 바뀌기는 했지만, 여전히 돈이 중요하다고 강조하는 내용은 변하지 않았다.


## 이기심이 곧 원동력

1766년 영국사람 아담 스미스Adam Smith는 "우리가 편하게 밥을 먹을 수 있는 건, 빵집 사장이 빵을 팔고 정육점 사장이 고기를 파는 덕분"이라고 말한다. 그런데 빵집과 정육점 사장은 우리가 편하게 밥을 먹으라고 빵과 고기를 파는 게 아니라 그들 자신의 이익을 위해, 즉 돈을 벌려는 이기심 때문에 상품을 판매한다고 설명한다. 그러면서 인간의 이기심을 긍정적으로 인정해야 한다고 주장했다. 아담 스미스는 저서 《국부론》에서 인간의 이기심을 인정하는 내용으로 자본주의 기본 이론을 만들어 세계적인 경제학자가 된다.

하지만 그보다 2천 년을 먼저 살았던 중국사람 한비자韓非子는 기원전 250년에 이미 이런 내용을 책으로 남겼다. 《한비자》에 따르면 의사가 입으로 환자의 상처에서 고름을 빨아내는 것은 환자를 불쌍히 여겨서가 아니라 병을 고쳐주고 사례를 받기 위해서라고 한다.

또 수레(현대로 말하자면 고급 승용차)를 만드는 제조업자는 많은 사람이 빨리 부자가 되길, 관을 만드는 제조업자는 많은 사람이 빨리 죽기를 바라는데, 이는 수레 제조업자가 인자하고 관 제조업자가 잔인해서가 아니라고 설파한다. 많은 사람이 부자가 돼야 수레를 많이 팔 수 있고, 많은 사람이 죽어야 관을 많이 팔 수 있기 때문이라고 한다.

그러면서 법가 사상가인 한비자는 "사람의 마음을 움직이게 하는 것은 애정도 동정심도 의리도 인정도 아니고 오직 개인의 이익 한 가지뿐"이라며 "사람은 이기심에 따라 움직이는 동물"이라고 결론 짓는다.

중국에는 양유음법陽儒陰法과 외유내법外儒內法이라는 고사성어가 있다. 중국사람은 공식적인 자리에서는 유교 사상으로 고매한 도덕을 말하지만, 실제 생활에서는 한비자의 법가 사상으로 개인의 이익과 돈을 좋아하는 사람의 천성을 떠올리며 살아간다는 의미다.

사회주의 국가 중국이 자본주의 시장경제를 도입해 순조롭게 경제발전을 하는 것은 어쩌면 2천 250년 전 한비자가 인간의 이기심을 긍정적으로 인정하는 자본주의 기본 사상을 만들었고, 중국사람이 이미 수천 년 동안 이런 사상 속에서 생활한 경험이 있기 때문일 것이다.


## 가난은 어리석음의 결과

2천 년 전 역사가 사마천司馬遷이 쓴 《사기》는 중국 최고 역사서로 꼽힌다. 그는 《사기》〈화식열전〉에서 자신의 경제철학과 경제의 기초가 되는 돈

그리고 사람과 돈의 관계에 관해 말한다.

먼저 사마천은 사람의 귀와 눈은 좋은 소리와 색깔을 즐기려 하고, 입으로는 맛있는 음식을 맛보려 하고, 몸은 안락과 향락을 즐기고, 마음은 권세와 지위를 과시하려 한다며, 사람은 선천적으로 쾌락을 좋아한다고 규정한다. 그래서 사람은 자신이 원하는 것을 하기 위해 돈이 필요해 본능적으로 돈을 좋아하게 되는데 이는 타고난 본성이기에 특별히 가르칠 필요가 없다고 덧붙인다. 예의禮義는 돈에서 나오고, 돈이 없으면 예의 있는 사람이 될 수 없으므로 예의 있는 사람이 되려면 반드시 부유해져야 한다는 이야기도 있다. 그러면서 지혜로운 사람은 부유해질 수 있고 지혜롭지 못한 사람은 빈곤해진다고 말한다.

쉽게 말해 지혜롭지 못하면 돈을 벌 수 없고, 돈이 없으면 예의 있는 사람이 되지 못한다는 뜻이다. 그래서 중국에서는 고고하게 살아가는 가난한 선비를 존경의 대상이 아니라 지혜롭지 못한 사람으로 생각한다.

## 책과 현실은 다르다는 교육

현대 중국에서도 사마천의 이런 경제 개념이 필요하다고 생각해서인지 가정에서는 부모가, 학교에서는 선생님이 이렇게 가르친다. "사람은 누구나 자식이 지혜롭기를 바라고, 사람은 누구나 돈을 좋아한다. 하지만 이런 내용은 유교 책 오행五行에 나오지 않는다誰人不愛子孫賢, 誰人不愛千鐘粟, 奈五行不是這般題目." 오행은 유교의 인의예지신仁義禮智信을 말한다. 그러니까 사람은 본능적으로 자식을 사랑하고 세상을 즐기기 위한 돈을 좋아하지만, 유교 책에는 타인을 사랑해야 하고 자신의 분수에 맞게 절제해야 한다고 쓰여 있으니, 책에 나오는 내용과 현실이 다르다는 것을 알아야 한다는 뜻이다.

중국 고등학교 국어 교과서에는 이런 글도 소개되어 있다. "책 속에 곡식 창고가 있고, 책 속에 황금 보석이 있고, 책 속에 좋은 마차(고급 승용차)가 있고, 책 속에 아름다운 여자가 있다書中自有千鐘粟, 書中自有黃金屋, 書中車馬多如簇, 書中自有顏如玉." 학생들에게 열심히 공부하라는 교훈을 주기 위한 글치고는 공부해서 돈을 벌면 무엇을 얻을 수 있는지 너무 솔직하게 알려준다. 그러니까 고급 승용차를 사고, 아름다운 여성을 얻기 위해서는 돈이 필요한데, 이 돈을 얻는 방법이 책에 있으니 열심히 공부하라는 것이다.

세상 사람 누구나 돈을 좋아한다. 하지만 한국사람은 돈을 지나치게 좋아하는 모습을 보이는 것이 예의 없는 행동이라고 생각하기에 드러내놓고 돈을 좋아한다고 하지는 않는다. 중국사람은 사람이 돈을 좋아하는 것이 당연하고, 돈이 없으면 예의 있는 사람이 될 수 없다고 배운다. 그래서 자신이 돈을 좋아한다는 사실을 감추지 않고 스스럼없이 표현한다. 그리고 공개적으로 그렇게 행동한다.


## "자전거 타고 웃느니 외제차 타고 울겠다"

2010년 6월 중국 장쑤성 텔레비전에서 청춘 남녀가 짝을 짓는 오락 프로그램 〈미싱물요非誠勿擾〉를 방영했다. 이 프로그램은 방송되자마자 큰 인기를 끌었는데 그 이유가 재미있다. 먼저 프로그램 제목부터 사람들의 주목을 받았다. '비성물요非誠勿擾'는 중국사람이 블로그에서 사용하는 인터넷 용어로 '정성이 없으면 귀찮게 하지 마세요'라는 의미다. 블로거가 인터넷 블로그에 글을 올리고 나서 다른 사람에게 댓글은 정성을 가지고 달아 달라고 부탁할 때 사용하는 말이다. 글의 내용과 상관없는 장난 댓글이나 논리적이지 않은 일방적인 댓글은 사양한다는 뜻이다.

이 방송 제작자가 프로그램 제목을 '비성물요'로 지은 이유는 방송에 참여하는 청춘 남녀가 짝을 고를 때 스스로 자신의 수준을 생각해 보고 그 수준에 맞는 상대를 고르라는 뜻이었을 것이다. 쉽게 말해서, 자신이 생각하는 수준보다 훨씬 떨어지는 상대가 자신에게 집적거리면 '얻다 대고 감히'라고 일침을 놓는 장면을 떠올리면 된다.

〈비성물요〉는 제목으로도 시선을 끌었지만, 방송이 시작되자마자 폭발적인 인기를 얻은 데는 다른 이유가 있었다. 여성 참가자인 마누오馬諾의 촌철살인 같은 한마디 때문이었다. 지금도 중국 인터넷에서 〈비성물요〉를 검색하면 연관 검색어로 그 참가자 이름이 나온다.

마누오가 프로그램에 출연했을 때 자전거 타기를 취미로 가진 남성 참가자가 호감을 보였다. 그래서 그는 자신의 자전거 뒤에 타고 같이 야외에 놀러가자고 했다. 이런 제안을 받은 마누오가 남성 참가자에게 한 말이 바로 "나는 BMW 고급 승용차 뒤에 앉아 울겠다"였다. '당신 같이 돈이 없어 자전거 타기를 취미로 가진 남자와 놀러 다니기보다는 돈이 많아 고급 외제 차 운전하기를 취미로 가진 남자와 놀러다니겠다'는 것이다. 중국 뉘앙스로 다시 해석하면 '돈은 없지만 나를 정말 좋아하는 남자와 살기보다는 나를 진심으로 좋아하지는 않더라도 돈이 많은 남자가 더 좋다'는 의미다. 그래서 중국사람은 마누오의 대사를 '나는 BMW 뒤에 앉아 울지언정 자전거 뒤에 앉아 웃지 않겠다寧願在寶馬車裏哭也不願在自行車上笑'라고 해석한다.

격이 높은 문자를 사용해 '사람은 태어나면서부터 돈을 좋아한다'고 표현한 중국 최고 역사가 사마천과 법가 사상가 한비자의 글귀처럼, 마누오의 이 말도 고사성어로 중국 역사에 길이 남을지 모른다. 중국사람은 자신이 돈을 좋아한다는 사실을 남에게 숨기지 않고 당연하게 드러내놓으니 말이다.

# 2

# 돈을 주고 산
# '비싼 아들'

## 단군왕검과 같은 대접을 받는 진시황제

한국에서 진시황제는 인기가 없다. 한국사람은 진시황제를 생각하면 가장 먼저 '아방궁'을 떠올리고는 그가 유흥과 사치를 일삼은 황제였다고 기억한다. 특히 1980~1990년대 수많은 유흥주점이 진시황제와 아방궁을 상호로 사용하는 바람에 더더욱 그런 이미지가 굳어졌다.

하지만 중국사람은 진시황제를 존경한다. 중국 통일로 긴 전쟁을 끝냈으며 중국 역사에서 가장 중요한 일을 해낸 사람이라고 평가한다. 특히 중국 땅이 통일되기 전, 즉 전국시대에 존재했던 일곱 나라가 사용한 각기 다른 문자를 하나의 문자로 통합했기 때문에 지금의 중국이 존재할 수 있다고 생각한다. 만약 진시황제가 중국을 통일하지 않았다면, 그래서 중국사람들이 같은 문자를 사용하지 않았다면 중국 대륙은 마치 유럽처럼 수십 개의 나라로 쪼개졌을 것이다. 그러니 진시황제는 한국이 시조로 받드는 단군왕검과 같은 인물이다.

진나라 수도였던 중국 서안시에는 병마용갱兵馬俑坑이 있다. 병마용갱에서 '병마'는 군인과 말을, '용'은 인형을, '갱'은 지하 동굴을 의미한다. 그러니까 병마용갱은 군인과 말 인형이 묻힌 지하 동굴이다.

진시황제는 자신의 무덤 주위에 지하 동굴을 파고, 죽은 후 자신을 지켜줄 군인과 말 인형을 묻었는데 지금까지 네 곳의 지하 동굴에서 실물 크기의 군인 인형 8천여 점과 말 인형 520점 그리고 마차 모형 130대를 발굴했다.

지하 동굴 중 가장 큰 1호 병마용갱은 길이가 216미터에 폭이 62미터로 국제규격 축구 경기장보다도 두 배나 넓다. 중국 정부는 진시황제 병마용갱을 세계문화유산에 등록하고 현재까지 계속 발굴하고 있다. 유물을 보호하기 위해 지하 동굴 위로는 대형 철제 구조물을 만들었는데 이곳이 바로 병마용 박물관이다. 중국사람에게 이 박물관은 세계에 자랑할 수 있는 문화유산일 뿐만 아니라 현재의 중국이라는 국가를 있게 한 진시황제를 모시는 신성한 공간이다.

## 국가대표 유적지에서 삼성을 만나다

그런데 그런 병마용 박물관 건물 안에 SAMSUNG(삼성)이라는 글자가 크

**사진 3-1 박물관에 걸린 삼성 모니터**
중국 병마용 박물관에 삼성전자 모니터가
설치되어 있다. 삼성의 이름이 큰 글자로
적혀 있어 눈에 잘 들어온다.

게 걸려 있다. 한국 삼성전자가 만든 가로 5미터 세로 2미터의 대형 모니
터가 설치되어 있기 때문이다. 박물관 한쪽 벽면을 꽉 채운 모니터 화면
에는 병마용 제작 과정 동영상이 방송된다.

그런데 관람객이 이 대형 모니터를 바라보면 동영상 화면보다는 모니
터 아래에 적힌 삼성 브랜드 로고에 시선이 집중된다. 마치 이곳이 유물
정보를 제공하는 공간이라기보다는 삼성전자 제품을 광고하는 공간으로
보일 지경이다.

만약 한국 국립중앙박물관에서 고조선 유물을 전시하는데 한쪽 벽면
에 대형 모니터를 설치하고 그 아래에 하이얼(중국 전자제품 상표)이라는 글씨
를 크게 써놓았다고 생각해보자. 국민 정서상 받아들이기 어려울 것이다.

## 서부지역 개발과 삼성의 투자

사실 중국 정부는 상대적으로 경제 발전이 늦은 중국 서부지역을 개발하

기 위해 세계 여러 나라에서 자금을 투자해주기를 바라고 있었는데, 2012년 삼성전자가 중국 서부지역인 서안시에 약 75억 달러를 투자하여 반도체 공장을 짓기 시작했다.

중국 정부는 당연히 자금을 투자하는 삼성전자에 여러 가지 편의를 제공했는데, 이 과정에서 진시황제 병마용 박물관 한쪽 벽면에 삼성전자 대형 모니터가 설치된다. 그리고 모니터 화면 아래 가장 잘 보이는 위치에 삼성 브랜드가 적히게 되었다.

중국 정부가 알아서 먼저 글자를 적어놓았는지, 아니면 삼성전자가 중국 정부에 요구한 것인지는 알 수 없다. 중국 정부가 삼성전자에 호의를 베풀었다고 할 수도 있고, 적나라하게 표현하면 자금 투자 조건으로 중국 정부가 삼성전자에 세계문화유산 병마용 박물관 벽면을 팔았다고 할 수도 있다.


## 옥황상제도 움직이는 위력

중국사람은 돈으로 할 수 없는 일이 없다고 생각한다. 이런 중국사람의 생각을 가장 잘 표현한 말이 '돈이 있으면 귀신에게 맷돌을 돌릴게 할 수 있다有錢能使鬼推磨'와 '돈은 신에게도 통한다錢能通神'다.

그러니까 돈만 있으면 세상 모든 것뿐만 아니라, 심지어 신까지도 움직이게 할 수 있다는 것이나. 돈으로 옥황상제와 부처님, 하나님도 사고 팔 수 있다는 것이다.

한국어 사전은 '사다'라는 단어를 '어떤 물건이나 권리를 자기 것으로 한다'라고 정의한다. 하지만 실제 한국 사회 현실에서는 물건이나 권리를 넘어서는 부분(사람, 인격)까지 사고 팔리기도 한다. 그렇지만 한국어 사전에서만큼은 거래의 대상을 물건과 권리로 한정한다. 대놓고 돈으로 세상 모든 것을 살 수 있다고는 하지 않는 것이다.

한편 중국어 사전에서 '사다買'라는 단어는 '금전으로 물건을 얻는다拿錢換東西'라고 정의되어 있다. 물건을 중국어로 '똥시東西'라 하는데 중국어 사전에서 '똥시'는 사람과 권리, 물건의 구체적인 실재와 추상적인 존재泛指各種具體或抽象的人, 事, 物, 즉 세상에 있는 보이는 것과 보이지 않는 모든 것이다.

그러니까 중국어 사전에서는 '사다'라는 단어를 '돈으로 세상에 있는 모든 걸 얻는 일'이라고 정의하는 것이다. 이처럼 중국사람은 이 세상 모든 것을 돈으로 사고팔 수 있다고 당연하게 생각하고 또 그렇게 생활한다. 중국사람이 일상생활에서 무엇을 사고파는지 알아보자.


## 교통벌점도 거래 대상

중국에는 사람도 많지만, 자동차도 많다. 자동차가 많으니 교통법규를 위반하는 운전자도 많다. 중국에서도 한국처럼 교통법규를 위반한 운전자는 범칙금 납부 외에 벌점을 부과 받는다. 벌점이 일정 점수가 넘으면 면허가 정지돼 운전할 수 없다.

중국 교통법규는 한국보다 엄격하다. 중국법 규정에 따르면 주차 금지는 2점, 차선 위반은 3점, 속도 위반이 역시 3점, 신호 위반은 6점이다. 1년 동안 쌓인 벌점이 12점을 초과하면 면허가 정지된다. 그러니까 한 해에 신호를 두 번 위반하고 주차 금지를 한 번 어기면 곧바로 운전면허가 정지된다.

중국 도로에는 한국보다 훨씬 많은 교통 감시용 CCTV가 설치돼 있다. 통행량이 많은 도로에는 500미터 마다 설치돼 있기도 하다. 당연히 CCTV가 교통법규를 위반한 차량을 촬영해서 차량 소유자에게 범칙금 납부 고지서를 발송한다. 그런데 이 고지서의 내용이 한국과는 다르다.

한국 범칙금 납부 고지서에는 차량번호와 운전자를 찍은 사진이 인쇄되어 있다. 중국 고지서에는 차량번호를 찍은 사진만 인쇄되어 있다. 교통 범칙금 고지서를 받은 운전자가 이미 11점의 벌점을 받았을 경우, 이 운전자는 면허 정지를 피하고자 교통법규 위반 벌점을 다른 사람에게 돈을 주고 팔 수 있다.

중국 인터넷에는 교통법규 위반 벌점을 사는 장사꾼이 많다. 일반적으로 벌점 1점에 300위안(한국 돈 오만 원가량)이다. 그러니까 신호위반 벌점 6점을 받은 운전자는 면허 정지를 피하고자 벌점 구매자에게 1천 800위안(한국 돈 삼십만 원가량)을 주고 자신의 벌점 6점을 파는 것이다. 어찌 보면 서로 '윈윈'이다. 중국사람은 필요하면 무엇이든 사고판다.

## 한 부부에게는 한 명의 자식을

한편 중국에서는 젊은이들이 '나는 얼마짜리'라고 말하기도 한다. 그런데 그 가격이 매우 구체적이다. 낮게는 6만 위안(한국 돈 약 1천만 원가량)에서 높게는 60만 위안(한국 돈 1억 원가량)까지 찾아볼 수 있다. 또 어떤 중국 부모는 주위 사람에게 자신의 자식을 소개하면서 '우리 아들은 얼마짜리'라고 하기도 한다. 역시 구체적인 액수가 덧붙는다. 사람도 물건처럼 돈으로 값어치를 매기는 것이다. 도대체 이 가격은 어디에서 유래한 것일까.

1980년 중국 정부는 부부가 결혼한 후 한 명의 자식만 낳아야 한다는 가족계획計劃生育 정책을 시행했다. 지난 2016년 중국 정부는 자식을 두 명까지 낳아도 된다는 새로운 정책을 발표했지만, 1980년부터 2015년까지 중국 부부는 단 한 명의 자식만 낳아야 했다.

문제는 딸보다 아들을 좋아하는 중국 정서가 있다 보니 첫째가 딸이면 아들을 낳기 위해 둘째를 낳는 경우가 많았다는 것이다. 중국 정부가 세운 가족계획 정책에 따르면 원칙적으로는 둘째 자식부터 출생신고를 허용하지 않았다. 하지만 모든 법에 예외조항이 있듯이 벌금을 내면 출생신고를 받아주었다.


## '우리 아들은 1억 원짜리'

그러니 경제적 여건이 좋지 못한 부모는 첫째가 딸이라도 더 이상 자식을 낳지 못했으나 돈이 많은 부모는 벌금을 내고서라도 아들을 낳을 때까지 계속해서 자식을 낳고는 했다. 가족계획법에서 허용하는 기준을 초과하여 자식을 낳았을 때 벌금은 지역에 따라, 당사자의 소득에 따라 다르게 적용되었다. 이 벌금액이 바로 6만 위안에서 60만 위안까지였다.

벌금을 내고 둘째를 출생 신고한 부모는 돈을 내고 자식을 샀다고 생각했다. 그래서 '우리 자식은 얼마짜리'라고 말한다. 이런 사실을 알게 된 둘째 본인도 주위 사람에게 '나는 부모가 돈을 주고 산 얼마짜리 사람'이라고 말한다. 이 일의 당사자인 부모와 자식뿐만 아니라 주변 사람 모두 돈을 내고 자식을 낳는 일을 자연스럽게 여긴다. 중국사람은 세상에 돈으로 살 수 없는 것은 없다고 생각하고 또 실제로 그렇게 생활한다는 점을 엿볼 수 있는 대목이다.

# 3

## 가격에는
## 변수가 많다

### 한류가 불러온 한국 성형병원 인기

돈을 좋아한다는 사실을 당당하게 이야기하는 중국사람. 이들에게 미美는 어떤 의미를 가질까.

미디어가 아름다움의 기준을 정해버리면서 수많은 사람들이 그 기준을 따르고 있다. 자신의 얼굴에 만족하지 못하는 이들은 더 아름다워지기 위해 수술대에 오르기도 한다. 당연히 중국에서도 성형수술이 행해지는 중이다.

한류의 영향 때문인지는 몰라도 중국사람은 한국의 성형병원이 얼굴을 더 잘 고친다고 여긴다. 그래서 중국 내 성형병원들은 이름을 지을 때 되도록이면 한국과 관련이 있는 글자를 사용하고는 한다. 예를 들어 산동성에는 한씨정제韓氏定制라는 성형병원이 있다. 한씨 성을 가진 의사가 고객의 얼굴을 주문 제작한다는 뜻이다.

병원 이름도 재미있지만 간판 옆에 적혀 있는 문구가 더 눈길을 끈다. 바로 '상제결녀적, 한식환급녀上帝欠您的, 韓式還給您'다. 한국어로 해석하면 '하느님(삼신할머니)은 결함 있는 당신을 만들었지만, 한씨 성을 가진 의사가 당신을 고쳐드립니다'라는 의미다.


## '예쁜 얼굴은 가장 큰 재산'

병원 간판은 아름다워지고 싶은 사람들의 마음을 겨냥하지만 병원 내부는 돈을 좋아하는 중국사람의 욕망을 직설적으로 겨냥하고 있다. 병원 복도에 미려시여인최대적재부美麗是女人最大的財富라는 광고가 있다. 한국어로 해석하면 '예쁜 얼굴은 여성에게 가장 큰 재산이다'가 된다.

물론 한국에도 '예쁜 것도 능력'이라는 말이 있다. 혹자는 미남이나 미녀가 사회생활에서 유리한 고지를 차지한다고 생각하기도 한다. 하지만 한국 성형외과는 드러내놓고 '성형수술을 해서 예뻐지십시오. 그러면 돈을 더 많이 벌 수 있습니다'라고 광고하지는 않는다.

중국사람에게는 돈으로 예쁜 얼굴을 사는 게 당연하다. 예쁜 얼굴을 구입하기 위해 돈을 투자했으니 예쁜 얼굴로 돈을 더 많이 벌어야 하는 것도 당연하다. 그리고 이런 사실을 말하는 데 전혀 주저할 게 없는 분위기다.

## 30만 원 써놓고 1만 원은 아끼는 심리

필자가 중국 대학교에서 일하면서 알게 된 중국 대학생이 있다. 방학 기간이라 한국에 귀국해 잠깐 쉬는 동안 그 중국 대학생도 마침 가족과 함께 한국에 놀러왔다. 필자는 시간을 내 중국 학생과 그 가족에게 여행 가이드를 해주었다. 한국과 중국을 오가며 지내다보니 이런 일이 종종 생긴다.

중국으로 돌아간 후 이번에는 중국 대학생 아버지에게 연락이 왔다. 고마운 일이 있었으니 이제 반대로 필자의 가족을 초대해서 자신의 고향을 여행시켜주겠단다. 덕분에 춘추전국시대 강태공이 세웠다는 제나라 박물관도 구경하고, 오랫동안 사귄 친구 사이를 일컫는 중국 고사성어 관포지교管鮑之交의 주인공인 관중 사당에도 방문할 수 있었다.

필자와 학생 아버지는 한국에서 처음 만나고 중국에서 두 번째로 만난 사이였다. 서로 잘 알지 못하기 때문에 깍듯하게 예의를 지켰다. 특히 학생 아버지는 필자가 자기 자녀를 가르치는 선생이라는 점 때문에 매사를 조심했다.

**사진 3-2 제나라 박물관**
강태공이 세운 제나라에 대해 알 수 있는 박물관.

그런데 학생 아버지가 이런 말을 했다. 자신은 중소 규모의 공장을 운영하는데, 거래처에서 공장을 방문하면 언제나 고향에 있는 두 유적지, 즉 제나라 박물관과 관중 사당을 안내한다는 것이다. 그래서 유적지에 몰래 들어갈 수 있는 뒷문(개구멍)을 알고 있다고 했다. 학생 아버지는 한국 사람인 필자를 뒷문으로 안내했다.

두 유적지 입장료는 각각 30위안(한화 약 5천 원가량)이었지만 우리는 그곳을 공짜로 구경했다. 그러나 학생 아버지가 입장료를 아끼려고 필자를 뒷문으로 안내한 것은 아니었다. 그는 필자와 필자의 가족을 위해 중국 전통 양식 고급 호텔을 이틀 동안 예약해주었는데, 하루 숙박비가 한국 돈으로도 15만 원은 되는 곳이었다. 물론 이 숙박비는 학생 아버지가 계산했는데, 이에 비하면 유적지 입장료는 아주 적은 푼돈이었던 것이다.

한국사람인 필자였더라면 체면 때문에라도 외국인을 뒷문으로 이끌지는 않았으리라 생각한다. 하지만 중국에서는 돈을 절약할 수 있는 방법이 있으면 어떤 상황에서라도 그 돈을 낭비하지 않는다. 중국사람은 돈과 체면 중에서 돈을 선택한다. 이런 경우에는 체면을 잃는 게 아니라고 생각하기 때문이다.

### '돈만 바라봐야 돈을 번다'

중국사람도 한국사람처럼 숫자 4가 죽음을 의미한다고 여기고 싫어한다. 한자로는 나쁘지만 중국어에서도 숫자 4四의 발음이 죽는다는 의미의 사

死 자와 같기 때문이다. 한국사람은 숫자 7이 행운을 의미한다며 좋아한다. 중국사람은 숫자 8을 좋아한다. 8八의 발음이 '빠'인데 돈을 번다는 단어 '파차이發財'의 발음 '파'와 비슷하기 때문이다.

중국에서는 이런 식으로 발음이 비슷한 글자를 사용해 뜻을 전달하는 경우가 많다. 2013년 중국에서 《향전간향후전向前看, 向後轉》이라는 소설이 발표됐다. 젊은 작가가 인터넷 공간에 연재한 연애소설인데, 청년뿐만 아니라 장년에게까지 유행했다. 그런데 이 소설의 제목은 원래와는 조금 다른 의미로 인기를 끌었다.

중국사람은 소설 제목의 중국 발음인 '시향치앤칸, 시향호우치엔'과 비슷한 발음의 다른 단어를 사용해 소설 제목의 의미를 완전히 바꿔버렸다. 원래 소설 제목을 번역하면 '미래를 바라보면서도 과거를 돌아보아야 한다'는 의미다. 하지만 중국사람은 비슷한 발음의 다른 단어를 사용해 '향전간향후잠向前看, 向後轉'이라고 말을 만들었다. 그 뜻은 '돈만 바라봐야 돈을 번다'다.

'미래를 바라보면서도 과거를 돌아보아야 한다'는 인생철학을 담은 소설 제목이 작가의 의도와는 다른 엉뚱한 유행어로 바뀌어 지극히 현실적인 처세술에 가까운, 전혀 다른 의미로 퍼지게 된 것이다. 지금도 이 유행어는 중국 사회에서 인기를 얻고 있다.

이렇듯 금전 위주의 생활을 영위하는 중국사람이 돈의 가치를 어떻게 매기는지 알아보자. 한국사람은 "중국에서 바가지를 쓰지 않고는 물건을 사기 힘들다"고 말한다. 그러면서 "같은 가게에서 같은 물건을 여러 번 산 적이 있는데, 직접 가서 살 때와 현지인에게 부탁해서 살 때 값이 달랐다"며 "가게 주인이 손님에 따라 가격을 차별한다"고 주장한다. 한국사람인 자신은 2만 위안에 물건을 샀는데, 중국동포(조선족)에게 부탁했을 때는 1만 5000위안이 들었고, 중국사람에게 부탁했을 때는 1만 위안이 들었다는 설명도 덧붙인다.

결론부터 말하자면 이 한국사람은 '당연한'일을 겪었을 뿐이다. 만약 중국말을 중국사람처럼 아주 잘했더라면 본인도 더 저렴하게 물건을 살 수 있었다. 단, 그 가격은 중국사람에게 부탁했을 때 들었던 비용인 1만 위안이 아니라 더 저렴한 5천 위안이었을 것이다. 왜 이런 일이 벌어졌을까.

## 바가지가 억울하면 중국말을 배워라

우선 본인이 직접 물건을 구매한 경우를 알아보자. 중국사람은 같은 물건이라도 손님에 따라 값을 다르게 책정한다. 손님이 중국어를 못하는 한국사람이란 것을 알면 '한국사람이 다른 가게에 가서 물건을 살 능력이 없다'고 생각하고 값을 높게 부른다. 마치 산꼭대기에 올라가면 음료수 가격이 산 아래보다 비싸지는 것과 같다.

이 경우 한국사람은 다른 가게를 찾아 헤매느니 이 가게에서 바가지를 쓰는 편이 차라리 효율적일 수 있다. 그러니 중국말을 못해서 다른 가게를 쉽게 찾지 못하는 자신을 탓해야 한다.

이번에는 중국사람에게 부탁했을 경우를 따져보자. 중국말에 능통한 현지인이 물건을 사러 갔다면 주인은 값으로 5천 위안을 받을 것이다. 그런데 이 중국사람은 한국사람의 부탁으로 물건을 사주느라 자신의 시간과 노동을 소비했으니 당연히 중간에서 수고비 5천 위안을 챙겨야 한다고 여긴다. 그러니 한국사람에게 (물건 값에 수고비를 더해) 만 위안 들었다'고 말하고 '그 가게가 영수증은 발급하지 않더라'고 전했을 것이다.

마지막으로 살펴볼 상황은 가장 흥미로운 케이스다. 바로 중국동포에게 부탁했을 경우다. 중국동포는 가게에서 앞의 중국사람과 같은 값을 치렀을 것이다. 그런데 왜 한국사람에게 1만 위안이 아닌 1만 5천 위안을 받아갔을까? 중국동포는 한국사람 마음을 잘 알기 때문이다.

그 중국동포는 한국사람이 영수증을 원하리라는 점을 알고는 '수고비가 포함되어 가격이 뻥튀기 된 영수증'을 구해왔을 것이다. 그리고 이 영수증을 끊기 위해 가게 주인에게 돈을 좀 주었을 것이다. 그러니 영수증 발급에 든 비용만큼 더 비싸게 청구한 것이다. 이 정도면 중국식 바가지를 모두 파헤친 셈이다.

금전 본위로 살아가는 중국사람은 이익을 얻을 수 있는 상황에서는 반드시 이익을 추구한다. 그리고 그 이익은 자신이 투자한 시간과 노동의 대가지, 남을 속인 결과가 아니다.

## 목숨 값을 치르지 않은 장사꾼

중국에서 물건 값은 상황과 여건에 따라 항상 변한다. 이는 옛날이야기에서도 알 수 있다. 우선 한국 전래동화를 하나 살펴보자. 〈은혜 모르는 호랑이〉라는 이야기다. 어느 날 호랑이가 함정에 빠졌다. 지나가던 스님이 이 호랑이를 구해주었는데 호랑이는 은혜도 모르고 스님을 잡아먹으려고 했다. 때마침 여우가 지나갔다. 스님이 여우에게 자초지종을 이야기하자 여우는 어떤 일인지 잘 모르겠으니 본래 있던 상황을 재현해보라고 한다. 그래서 호랑이는 다시 함정에 들어갔고 여우는 스님에게 가던 길이나 다시 가라고 권한다.

중국에도 비슷한 옛날이야기가 있다. 명나라 시대 어느 장사꾼이 배를 타고 강을 건너다 배가 뒤집혀 물에 빠졌다. 마침 부근에서 고기를 잡던 어부가 배를 몰고 가서 물에 빠진 장사꾼에게 다가갔다. 장사꾼은 어부에게 '나를 구해주면 황금 백 냥을 주겠다'고 했다. 그 말을 들은 어부는 장사꾼을 물에서 건져냈다. 그런데 육지에 도착한 장사꾼은 어부에게 황금 백 냥 대신 황금 열 냥만 주면서 '어부가 하루 일해서 아무리 많이 벌어야 황금 한 냥도 못 번다'며 목숨을 구해준 값으로 이것만 받으라고 했다. 공교롭게도 며칠 후 그 장사꾼은 같은 장소에서 배가 뒤집혀 다시 강에 빠졌고, 또 그 어부가 배를 몰아 물에 빠진 장사꾼에게 다가왔다. 하지만 물에 빠진 사람이 지난번 그 장사꾼임을 확인한 어부는 장사꾼을 구해주지 않고 그냥 지나갔다고 한다.

한국 옛날 이야기는 은혜를 입고도, 은혜에 보답하지 않고 오히려 해를 끼치려고 하면 결국은 나쁜 일이 생긴다는 교훈을 알려준다. 중국 옛날 이야기는 은혜를 입으면 은혜에 보답해야 한다는 교훈보다는 사람은 신용을 지켜야 한다는 교훈을 알려주는 것 같은데, 확실하지는 않다. 중국 친구에게 물으니 재미있는 답을 한다.

"물건 값은 꼭 흥정해야 한다!"

이야기 속에는 물에 빠진 장사꾼의 목숨 가격이 구체적으로 나온다. 어부는 장사꾼의 목숨 값이 백 냥이라고 생각한다. 반면 장사꾼은 처음에 백 냥을 제시했으나 상황이 달라지자 열 냥으로 말을 바꾼다. 중국 친구는 이렇게 말하면서 아쉬워했다.

"상황이 변했지. 장사꾼이 자신의 목숨 값으로 백 냥은 너무 비싸다고 생각하게 된 거야. 그렇다면 그는 어부와 대화해서 쉰 냥 정도로 흥정했어야 했어. 그랬다면 서로 만족했을 텐데…."

# 4

## 법전에는
## 나오지 않는 법

### 부자가 되는 세 가지 길

돈을 좋아하는 중국사람은 어떤 방법으로 돈을 벌고 있을까. 중국 최고 역사서로 꼽히는 《사기》의 저자 사마천은 이 책 속에 정치, 사회, 문화 등 다양한 분야의 이야기를 담았다. 그중에는 경제편도 있는데, 이를 두고 〈화식열전貨殖列傳〉이라 부른다.

〈화식열전〉에서 화식은 재물을 늘린다는 의미고, 열전은 인물에 관한 기록을 뜻한다. 그러니까 〈화식열전〉은 2천 년 중국 역사 동안 재물을 많이 늘린 인물에 관한 기록이다. 사마천은 이 기록을 통해 큰돈을 모은 인물을 소개하며 경제에 관한 여러 가지 철학을 함께 다뤘다. 그리고 그중에는 돈을 버는 방법도 소개되어 있다.

사실 사마천은 그 자신이 돈 때문에 불행을 겪은 사람이다. 그는 한나라 사람이었는데, 기원전 99년 한나라 장수 이릉李陵이 흉노에 항복한 일이 벌어진다. 그는 이릉을 변호하려다가 한무제의 눈 밖에 나서 사형을 선고받는다. 그런데 다행히도 한나라에는 사형을 면할 수 있는 방법이 있었다. 벌금으로 50만 전의 돈을 내거나 궁형(거세)을 받는 것이었다. 돈이 없었던 사마천은 살아남기 위해 궁형을 택할 수밖에 없었다. 이 일로 그는 성불구자가 되었다. 그래서 현재 남아 있는 그의 초상화에서는 남성의 상징인 수염을 찾아볼 수 없다.

이런 일을 겪은 후 사마천은 누구보다도 돈에 대해 많은 생각을 했으리라. 그는 《사기》에서 부자가 되는 세 가지 방법을 알려준다. 첫 번째로 가장 좋은 방법은 '학문으로 과거에 합격하여 권력과 지위를 얻는 길'이다. 그 다음 두 번째 방법은 '권력을 통하지 못하면 학문이나 종교를 통해 또 다른 지위를 얻는 길'이다. 마지막으로 세 번째 방법이 바로 '장사 하는 길'이다.

## 황제의 친척조차 깨지 못한 '관행'

현대 상황으로 다시 해석해보자면 첫 번째는 국가 관리가 되는 방법이고 두 번째는 회사에 취직하는 방법일 것이다. 그럼 이 두 방법 가운데 국가 관리가 되는 것에 대해 먼저 알아보자.

옛날 중국사람은 왜 과거에 합격해 국가 관리가 되려고 했을까. 1900

년대 초반 이보가李寶嘉라는 작가가 《관장현형기官場現形記》라는 사회소설을 쓴다. 청나라 말기 사회 현상을 묘사한 이 소설은 중국 청나라 4대 소설로 꼽힌다. 제목에서 관장官場이란 관가를 말하는데 현대어로 풀면 국가 기관이라는 의미다. 현장기는 '현재의 모습을 기록한다'는 뜻이다. 그러니까 이 작품은 국가기관에서 일하는 공무원들의 실제 모습을 묘사한 관료사회 부패 폭로 소설이다.

소설은 스승이 제자의 질문에 답하는 내용으로 이루어져 있다. 제자가 스승에게 '공부를 해서 좋은 점이 무엇이냐'고 묻는다. 스승은 이에 '공부를 열심히 하면 관리(공무원)가 될 수 있다'고 답한다. 그러자 제자는 관리가 되면 무엇이 좋은지 다시 묻는다. 그러자 스승은 '관리가 되면 돈을 벌 수 있게 되느니라. 의자에 앉아 다른 사람을 오라 가라 할 수 있고 또 말을 안 들으면 감옥에 가둘 수도 있단다. 공부해서 과거에 급제하지 않는다면 무슨 수로 이런 부귀영화를 누릴 수 있겠느냐'라고 알려준다. 그러니까 과거 시험에 합격해 관리가 되려는 목적이 돈을 벌어 부귀영화를 누리는 것이라는 소리다.

1781년 청나라 시대로 옮겨보자. 당시 장군이던 복강안福康安은 티베트 전쟁에서 승리하고 베이징으로 돌아와 전쟁비용을 정산하기 위해 공금을 처리하는 호부(현재의 재무부) 관리를 만난다. 그런데 호부 관리는 전쟁비용 정산명세서 작성을 차일피일 미루면서 복강안 장군에게 암암리에 명세서 작성 수고비를 달라고 했다.

국가를 위해 전쟁터에서 목숨을 걸고 싸운 장군이지만 호부 관리가 요구하는 수고비는 거절할 수 없었다. 그래서 그 관리와 상의하여 수고비를 정했는데, 그것이 은 200만 냥이었다. 이는 현대 도량형 무게로 7만 5천 킬로그램쯤 된다. 물가 변동을 고려하지 않고 현재 은 시세를 따른다고 해도 한국 돈으로 대략 500억 원이다.

전쟁터에서 방금 돌아온 장군에게 이렇게 큰돈이 있을 리 없다. 그래서 총 전쟁비용을 늘려서 보고할 수밖에 없었는데, 수고비 은 200만 냥은 전체 전쟁비용의 20퍼센트에 해당하는 거금이었다. 물론 호부 관리 단 한 사람이 수백억 원에 해당하는 돈을 혼자 꿀꺽하지는 않았을 것이고, 주위 공무원들과 사이좋게 나누어 가졌을 것이다.

이때, 즉 1781년 청나라는 국내총생산GDP 규모가 세계 GDP의 3분의 1 이상인 당대 최고 경제 대국이었다. 청나라 강희제, 옹정제, 건륭제의 시대였던 1661년에서 1795년까지는 중국 역사에서 유례없는 태평성대로 국가의 기반이 확실하게 자리 잡힌 시기였다.

이 수고비 사건은 중국 역사에서 경제가 가장 발전하고 국가의 기강이 바로 섰다는 건륭제 시대에 일어난 일이다. 더 놀라운 사실은 복강안 장군이 건륭제의 외조카로 황제와 친척 사이였다는 것이다. 그런데도 관리의 뇌물 요구는 거절할 수 없었다니, 실로 대단한 일이다.


## 뇌물을 규칙이라 표현한 중국사람

지금으로부터 10년 전 중국 산시성 벽돌 공상에서 이런 일이 있었다. 벽돌 공장 사장이 공무원을 질책했다. 공무원이 벽돌 검사 증명서를 발급해 주지 않았기 때문이다. 생산한 벽돌의 품질이나 규격이 제품 합격 규정에 맞지 않으면 공무원은 검사 증명서를 발급하지 않을 수도 있는 일이다. 그런데 이 사건이 언론의 주목을 받은 원인은 다른 데 있다. 공장 사장이 "나는 규정에 맞게 벽돌을 생산해 이미 관련 서류를 신청했고(여기까지는 문제없다), 또 규칙에 따라 공무원에게 돈을 주었는데 돈을 받고도 왜 증명서를 발급하지 않느냐"고 한 것이다.

이때 사장은 공무원에게 뇌물 주는 것을 두고 '규칙'이라는 표현을 썼다. 중국에서는 이런 규칙을 잠재규칙潛規則이라고 부른다. 한국에 네이버Naver와 다음Daum이 있듯이 중국에는 바이두Baidu라는 검색엔진이 있다. 바이두는 잠재규칙을 '법전에 쓰여 있지 않아 눈으로 볼 수는 없지만, 모든 사람이 알고 실제로 그렇게 지키는 규칙'이라고 소개한다.

2000년대 초반 중국에서 우쓰吳思라는 기자가 《잠재규칙潛規則》이라는 책을 발표한다. 우쓰는 이 책에서 잠재규칙(숨겨진 규칙)을 '불법이라 떳떳이 드러내놓고 요구하지는 않지만 서로가 잘 이해하고 당연시하는 행위준칙'이라 정의한다. 중국에서는 이를 회색규칙이라고도 부른다.

이 책에 등장하는 '관리(공무원)와 관련된 잠재규칙' 몇 가지를 소개한다. 구정, 단오, 추석 명절 그리고 관리와 관리의 부인 생일에는 삼절양수三節兩壽라 하는 봉투를 건넨다. 관리가 출장 오면 주는 봉투가 또 있는데 이를 징의程儀다 한다. 관리에게 일 처리를 부탁할 때는 사비使費라 칭하는 봉투를 준비해야 하고, 관리가 인허가를 내줄 때는 부비部費라 일컫는 봉투가 필요하다.

이쯤 되면 공무원이 왜 부귀영화를 누릴 수 있다는 것인지 이해될 것이다. 그러나 모든 중국사람이 관직에 나설 수는 없는 일이다. 공무원이 아닌 중국사람은 어떤 방법으로 돈을 벌까. 중국사람이 직장에서 봉급 외에 돈을 버는 방법을 알아보자.

## 커미션이 부족해 엎어진 사업

1980년 중국 정부가 실시한 한 자녀 정책은 많은 사회 현상을 불러왔다. 1980년 이후 태어난 중국 아이는 대부분 외동이다. 그래서 부모는 한 명의 아이에게 모든 것을 투자한다. 이는 의료 분야에서도 마찬가지다.

일부 신생아는 선천적으로 질병 유전자를 가지고 태어난다. 하지만 이 유전자가 활성화되기 전에 치료하면 장애인이 되는 일을 막을 수 있다. 그래서 한국 정부는 신생아가 태어나면 여섯 가지 사항을 무료로 검사해 준다. 중국도 비슷한데 다만 무료 항목이 다섯 가지다.

이밖에도 각종 유료 검사가 존재한다. 현재 한국에서는 약 쉰 가지의 선천성 질병 유전자 검사 기술이 있고, 중국에는 약 서른 가지의 검사 기술이 있다고 한다. 그래서 한국 병원이 중국의 병원에 '신생아 질병 유전자 검사 사업'을 제안했다. 한국에서 스무 가지 정도의 사항을 추가로 검사할 수 있으니, 중국에서 검사를 원하는 신생아 부모가 원할 경우 먼저 중국에서 서른 가지 항목을 검사한 후 한국이 자료를 넘겨받아 추가로 스무 가지 사항을 더 검사해주는 사업이었다.

꽤 그럴싸하게 들리는 아이템이지만, 이 사업은 성공하지 못했다. 중국 담당자가 사업 진행을 조건으로 검사 건당 커미션(수수료)을 원했다. 한국 측에서도 그 정도는 예상하고 있었다. 그런데 중국 담당자가 제안하는 커미션 금액이 예상보다 훨씬 높았다. 한국 측에서는 중국 담당자에게 '이 정도 금액이면 당신 봉급의 몇 배나 된다. 이미 충분하니 커미션을 낮춰달라'고 했지만 중국 담당자가 이를 거절했다.

중국 담당자가 거절한 데는 나름의 이유가 있었다. 업무 관련 부서 인원이 열 명인데, 커미션이 생기면 직급별로 나누는 비율이 이미 정해져 있기 때문이었다. 한국 측에서 제안한 커미션은 한 명이 가지기에는 큰 금액일지 몰라도 부서원 10명이 직급별 분배 비율에 따라 나누기에는 너무 적은 푼돈이었다.

## 부정부패를 전시하다

진나라 수도였던 중국 섬서성 서안시에는 진나라와 관련된 역사 유물이 많다. 이를 전시해놓은 박물관에 가면 '진망오사경시교육전秦亡於奢警示教育展'이라는 이름의 전시실이 있다. 바로 진나라가 사치와 부패로 어떻게 망했는지를 알려주는 공간이다.

전시물을 살펴다보면 중국을 최초로 통일한 국가였던 진나라가 20년도 채 되지 않아 멸망한 이유를 엿볼 수 있다. 황제의 사치와 관료의 부패

**사진 3-3 부패 교훈 전시실의 모습**
'진나라 부패 멸망 교훈 전시실'이라는 공간
에 진나라 공무원의 모습이 전시되어 있다.

**사진 3-4 중화인민공화국의 부패 공무원**
관람객들이 중화인민공화국의 부패 공무원
이야기를 읽고 있다. 전시 공간 마지막에는
'이곳에 들어갈 부패 공무원이 더 이상 나오
지 않기를 바란다'는 문구가 적혀 있다.

가 그것이다. 마지막에는 1949년 중국 건국 후 현재까지 부패한 것으로
드러난 공무원 이야기를 뇌물 액수까지 자세하게 설명하는 전시물도 있
다. 현대의 부패 공무원을 보여주는 전시 공간 제일 아래 부분은 비워져
있다. 앞으로 이 빈 공간을 누가 채우게 될지 모르지만, 영원히 비워져 있
기를 바란다는 글씨가 적혀 있다. 최근 중국 정부는 강력한 부패 근절 정
책을 실시하고 있는데, 부디 좋은 결과가 있기를 기대한다. (참고로 2017년 초
국제투명성기구는 세계 176개국 국가별 부패 지수를 발표했다. 중국은 2015년 83위에서 2016년
79위로 조금 개선되었다. 한국은 2015년 37위였으나 2016년 52위로 하락했다.)

4장

장사는
지략이다

# 1

## 핏줄에 흐르는
## '돈의 유전자'

### 팔 수 있는 것은 뭐든지 판다

한국어 사전에서 '장사'는 이익을 얻으려고 물건을 사서 파는 것이라고 정의한다. 중국에서는 장사를 성이生意라고 부르는데, 글자대로 풀이하면 '살아가는 의미'다. 다르게 표현하면 '삶이 곧 장사'라는 것이다.

중국어 사전에서 성이는 이윤을 얻을 목적으로 하는 생산, 유통, 판매, 무역 활동이라고 정의한다. 우리나라에서 장사는 판매활동으로 한정하는 데 비해, 중국에서 성이는 상업 활동 전체를 포함한다.

중국에는 미국 애플이나 구글보다 상장 주식 시가 총액이 높은 기업도 많다. 하지만 이 글에서는 이런 기업에 대한 이야기보다는 '장사'에 가까운, 즉 판매 활동에 종사하는 중국 일반 사람들의 모습을 조명해보자. 세계 최고 규모를 자랑하는 중국 기업을 소개하는 것은 마치 한국사람이 장사 모습을 살펴보자며 삼성이나 현대를 설명하는 것과 같아서 일반적인 실제 모습과는 동떨어졌기 때문이다.

한국 대학은 3월에 새학기를 시작한다. 반면 중국은 9월에 새학기를 시작한다. 중국 대학생은 특별한 경우가 아닌 이상 대부분 학교 기숙사에서 생활한다. 그래서 중국 대학교에서는 졸업 시즌인 6월이 되면 졸업생들이 기숙사에서 사용하던 생활용품을 내다팔고는 한다. 대학교 안에 커다란 난전이 벌어지는 것이다.

사용하던 생활용품과 책을 파는 것이므로 가격이 매우 저렴하다. 졸업생 한 명이 자신이 가지고 있던 모든 것을 팔아봐야 한국 돈으로 2만 원도 채 되지 않을 것이다. 중국사람은 아무리 작은 물건이라도, 또 아무리 이윤이 박하더라도 팔 수 있는 물건이 있으면 장사를 한다. '셩이'라는 중국말 뜻처럼 중국사람에게는 '삶이 곧 장사'이기 때문이다.

**사진 4-1 대학에서 벌어진 난전**
대학교 졸업생들이 기용하던 물건을 팔기 위해 난전을 벌였다. 중국에서는 흔한 풍경이다.

최근 한국에서 유학하는 중국 대학생들이 많다. 대부분의 중국 유학생들이 장사를 한다. 한국에 유학 오기 전 공부하던 자신의 중국 대학교 친구들에게 한국 상품을 국제우편으로 파는 것이다. 한국 유학생뿐만 아니라 일본, 미국, 유럽에서 공부하는 유학생도 모두 이렇게 장사를 한다. 비록 한 달에 몇 개밖에는 팔지 못하겠지만, 중국사람에게는 삶이 곧 장사이기에 개의치 않는다. 사업 때문에 중국사람을 상대해본 한국사람들이 '중국사람은 핏줄에 피가 아니라 돈이 흐른다'고 하는데 이 말은 틀린 말이 아니다.

## 상업 경전, 사마천의 《화식열전》

한국에는 세계문화유산인 팔만대장경이 있다. 팔만대장경은 불교에 관련된 글인데, 이렇게 종교나 한 분야를 대표하는 책은 책 제목 뒤에 경經 자를 붙인다. 대표적인 경전經典으로는 불교의 불경佛經, 기독교의 성경聖經, 유교의 사서삼경四書三經이 있다.

마찬가지로 중국에는 장사, 즉 상업을 대표하는 책 '상경商經'이 있다. 상업(장사)이라는 글자 뒤에 종교 경전에서 쓰는 경 자가 붙어 있으니 장사에 관한 최고의 책인 셈이다. 중국에서 상경이라고 불리는 책은 바로 사마천의 《사기》 중 〈화식열전〉이다. 〈화식열전〉은 상업과 관련된 일을 상품 교환, 상품 생산, 서비스업, 임대업 네 가지로 구분하는데 그 중 상품 교환에 관한 일에 대해 살펴보자.

사마천은 '돈이란 풍요롭고 아름다운 생활을 누리는 가장 중요한 조건이기에, 부자가 되려는 것은 인간의 본능적 요구'라고 진단한다. 그러면서 가난한 사람이 돈을 벌고자 할 때는 농업이 공업만 못하고 공업이 상업만 못하다고 한다. 구체적인 예로 여성들이 집에서 방직물에 자수로 아름다운 문양을 만들어 얻는 수입은 시장 바닥에 앉아 장사하는 수입보다 못하다고 한다.

사마천은 '어떤 장사를 할지는 본인이 가지고 있는 자본의 규모에 따라 다르다'고 말한다. 자본이 많은 부유한 사람은 기회를 노려 투기해서 큰 재산을 모을 수 있고, 자본이 있으나 많지 않을 경우는 곧 지략으로써 조그만 재산을 취하며, 자본이 없는 서민은 오로지 부지런하게 장사 할 수밖에 없다는 말이다. 그래서 부자가 되고는 싶지만 자본이 적은 일반 사람은 지략을 짜내 부지런히 장사해야 한다.


## 가격을 깎는 한국, 부러뜨리는 중국

세상 누구나 물건을 살 때 저렴한 가격에 사고 싶어 한다. 한국에서는 물건을 싸게 사기 위해 가게 주인과 흥정하는 일을 두고 '가격을 깎는다'고 말한다. 그러니까 사과 껍질을 깎듯 물건 가격을 살짝 깎아내는 것이다. 이런 방법으로는 물건을 많이 싸게 살 수 없다.

중국에서는 물건을 싸게 사기 위해 가게 주인과 흥성하는 일을 '따저打折'이고 한다. 따저에서 따打는 '치다'는 의미고 저折는 '부러뜨리나'는 의미

119

다. 그러니까 가게 주인과 흥정하면서 물건 가격을 강하게 쳐서 부러뜨리는 것이다. 물건 가격을 부러뜨리면 최소 원래 가격의 반 정도는 싸게 살 수 있다.

'가격을 깎는다'는 한국말과 '가격을 세게 쳐서 부러뜨린다'는 중국말에서 중국사람이 장사하는 기술을 추측해볼 수 있다. 중국에서 장사하는 사람은 물건을 팔 때, 손님이 최소한 반은 깎을 거라 예상하고 최초 가격을 말한다. 손님이 가격을 깎지 않으면 당연히 더 많은 이윤이 남는다.

## '교활하지 않은 장사꾼은 없다'

공자는 《논어》에서 사람이 성인이 될 수 있는 세 가지 요건을 말한다. 첫 번째는 이익을 보면 대의大義를 생각해야 하고, 두 번째는 위태로움을 보면 목숨을 바치고, 세 번째는 오래 전에 한 약속이라도 반드시 지켜야 한다는 것이다今之成人者 何必然 見利思義 見危授命 久要 不忘平生之言 亦可以爲成人矣.

현재 중국에서 성인成人이라는 단어는 만 18세 이상인 사람을 말하지만, 공자가 살았던 춘추전국시대 성인은 '덕과 지식을 겸비한 군자德才兼備的人'를 일컫는 말이었다. 공자가 사람이 성인군자가 되는 요건으로 위의 세 가지를 말했다는 것은, 거꾸로 생각해 보면 성인군자가 아닌 보통 사람은 위의 세 가지를 지키기 어렵다는 의미다. 그러니까 실제 생활에서 사람은 위에서 말한 세 가지 요건과는 반대로 살고 있다는 것이다.

공자 말씀 중 첫 번째 요건, '이익을 보면 대의를 생각한다見利思義'는 장사하는 사람 입장에서는 자신이 어느 정도의 이윤을 얻어야 의로운 행동을 하는 것인지를 말한다. 성인군자가 아닌 보통 사람은 이익을 보고 의를 생각하지 않는다. 그러니 보통 사람 입장에서는 이익이 많으면 많을수록 좋다.

그래서 중국에는 '교활하지 않은 장사꾼은 없다無商不奸'라는 속담이 있다. 속담 그대로 해석하면 장사꾼은 모두 교활하다는 의미지만, 반대로 해석하면 교활하지 않은 장사꾼은 망한다는 교훈도 얻을 수 있다.

장사꾼이 교활하게 물건을 팔면 물건을 사는 고객 입장에서는 바가지를 쓰고 비싼 가격으로 물건을 사게 된다. 그런데 시장에서 물건을 파는 장사꾼만 물건을 비싸게 파는 게 아니다. 물건을 파는 사람은 누가 됐든 고객에게 비싼 가격으로 물건을 판다.

국가라는 장사꾼은 법으로 전매 사업을 하면서 원가의 수십 배 가격으로 물건을 판다. 한국에서 국가 전매 사업인 담배와 술의 원가 대비 이윤을 따져 보면 쉽게 이해될 것이다. 또 첨단 제품을 생산해서 파는 대기업 장사꾼도 기술 독점이라는 지위를 이용하여 물건을 원가의 몇 배 가격으로 판다. 시장에서 소소한 물건을 파는 장사꾼에게만 물건을 비싸게 판다고 교활한 장사꾼이라 할 수는 없다. 중국사람은 장사란 원래 교활하게 지략을 써서 많게는 원가의 수십 배, 적게는 수 배의 가격으로 물건을 파는 것이라고 생각한다.

## 6일치 수강료가 200만 원

중국에서도 공무원은 인기 있는 직업이다. 그래서 한국처럼 공무원 시험에 합격하기 어렵다. 공무원 시험은 필기시험과 면접시험으로 나뉘는데, 중국에서는 공무원 지망자의 인성을 중요시하므로 면접시험이 어려운 편이다. 중국 정부 기관은 보통 채용 예정 인원의 서너 배수 인원을 필기시험에 합격시킨다. 그러니까 중국 공무원 지망자는 필기시험을 통과한 후 다시 면접시험 준비에 매달려야 한다.

수요가 있으면 공급이 있는 법. 공무원 면접시험 학원은 공무원 필기시험 통과자를 대상으로 면접시험 준비 특강 프로그램을 장사한다. 특강 프로그램을 장사하는 학원은 6일간의 면접시험 특강 학원비로 중국 돈 1만 2천 990위안(한국 돈 210만 원가량)을 받는다. 너무 비싸다고 생각하는가? 하지만 수강생은 충분히 많다.

공무원 면접시험 특강 광고를 자세히 보면 재미있는 사실을 알 수 있다. 학원은 처음에 학원비로 중국 돈 1만 2천 990위안을 받지만 학원에서 수강 후 면접시험에 합격하지 못하는 수강생에게는 다시 중국 돈 1만 1천 위안을 돌려준다는 것이다. 그러니까 학원은 면접시험 합격 수강생에게는 학원비로 한국 돈 210만 원을 다 받지만, 면접시험에 불합격한 수강생에게는 학원비로 한국 돈 30만 원만 받고 나머지 180만 원은 돌려준다. 한국 학원이 배울 만한 장사 기술이다.

## 독점 판매 권한을 주다

중국 국토는 한반도의 마흔일곱 배에 달한다. 중국 인구는 대한민국 인구의 스물여덟 배다. 넓은 국토와 많은 인구는 때때로 어떤 문제를 일으키기도 한다. 예를 들어 중국에서 자신의 상표를 가지고 의·식·주 관련 생활용품을 생산하는 기업은 직영 판매점을 운영할 수 없다.

중국 행정구역은 성省과 시市로 나누어지는데, 성은 한국 도道와 같다. 하지만 인구가 많다 보니 한 개 시만 해도 인구가 보통 500만 명 이상이다. 아무리 규모가 작은 시라도 인구가 200만 명은 된다.

중국에서 유명한 상표 제품을 생산하는 기업은 성과 시 단위로 독점 판매 대리권을 설정해놓는다. 예를 들어 A시에서 유명 상표 제품을 팔려는 사람은 해당 제품 A시 독점 판매 대리권을 가진 유통상에게서만 제품을 공급받을 수 있다.

제품 생산 기업은 지역별 독점 판매 대리 유통상에게 해당 지역 내 상품 공급 권한을 줄 뿐 아니라, 지역 내에서 해당 상표의 가짜 상품을 관리할 책임도 부여한다. 그래서 만약 지역 내에서 해당 상표의 가짜 상품이 판매된다면 그 지역의 독점 판매 대리권을 가진 유통상이 철저하게 조사해서 처리한다. 하지만 지역 독점 판매 대리권을 가진 유통상이 해당 상표의 가짜 상품을 만들어 자신의 독점 판매 대리 지역에 유통하면 돈을 많이 벌 수 있다.

## 소림사에 등장한 비키니 걸

1982년 〈소림사〉라는 영화가 발표되면서 중국 소림사는 중국뿐만 아니라 전 세계적으로 유명한 관광지가 됐다. 1999년 소림사 방장(규모가 큰 사찰의 주지)에 임명된 스융신釋永信 스님은 상업적 경영 마인드를 가지고 소림사라는 브랜드를 이용해 제품을 생산·판매하기 시작한다. 그래서 중국사람들은 스융신 스님을 소림사 주지라기보다는 소림사 CEO로 부른다.

스융신 스님은 소림 무술학교를 만들어 교육 사업에 성공하고, 소림음료를 개발해 전국에 판매한다. 또 소림사를 방문하는 관광객의 편의를 위해 소림사 안에 호화 휴게실(숙소)을 짓고 관광객을 안내하는 전문 직원을 배치한다. 불교 사찰에서 이 정도 장사하는 것은 이해할 수 있다.

그런데 2008년 소림사 홍보대사 선발 대회를 열면서 논란이 일어난다. 스융신 스님은 소림사 관광 방문객에게 볼거리를 제공한다는 명목으로 소림사 정문에서 홍보대사 선발 대회를 열었는데, 덕분에 대회에 참가한 여성들이 비키니를 입고 사찰 내를 활보하게 된다.

그 후 소림사는 관광 방문객을 위한다면서 소림사 안에 있는 계곡에서 비키니를 입은 홍보 대사가 물에 들어가 스님과 무술을 단련하는 모습을 연출한다. 이런 스융신 스님의 행보 때문에 소림사 매출액은 날로 늘어나고 수익금도 많아졌다.

그러자 이번에는 소림사가 위치한 지역의 시청(정부 기관)이 나선다. 시청은 소림사가 돈을 많이 벌고 있지만 해당 시에는 경제적인 이득이 없다고 판단하고, 소림사가 해당 시의 내무에 있기 때문에 '소림사'라는 상표 브랜드는 시청 소유라는 주장을 펼친다. 그러면서 시청은 홍콩 기업과 합자해 소림사 주식회사를 설립하고 이 주식회사를 증권 시장에 상장시켜 주주 자격으로 수익금을 챙기겠다는 계획을 발표한다. 이에 대해 소림사의 스융신 스님은 '그러다 소림사 주식회사가 망하면 사찰이 파산하게 되는 것인데, 어떻게 절이 파산할 수 있느냐'며 반대한다. 소림사 스융신 스님과 시청과의 논쟁은 뾰족한 해결 방안 없이 현재까지 이어지고 있다고 한다. 돈과는 가장 거리가 멀 것으로 보이는 종교 단체와 지역 정부의 갈등 속에서 '중국에는 돈에 관심 없는 사람이 없다'는 사실을 느끼게 된다.

# 2

## 장사가 된다면
## 공자라도 팔아라

### 경복궁 한가운데서 생수 광고를 만난 격

공자의 고향인 중국 산동성 곡부시를 찾는 관광객은 먼저 공자의 사상을 기리는 공묘孔廟(공자를 모신 사당)부터 방문한다. 그러고 나서 '공부孔府'에 가게 되는데, 공부는 공자의 후손들이 대대로 공자의 고향 마을에서 사또(시장)로 일하던 사무공간과 공자의 후손들이 살던 생활공간을 말한다.

**사진 4-2 곡부시에 위치한 공부**
공부는 공자의 후손들이 머물던 사무공간과 생활공간을 뜻한다.

과거 공자의 후손들은 공부를 사무공간과 생활공간으로 사용했지만, 오늘날의 공자 후손들은 공부를 관광지로 사용한다. 과거 문화유산을 관광지로 이용하는 일이야 당연하다. 하지만 실제 공부를 방문해 보면 1천 년이 넘는 역사를 가진 관청과 고택에 왔다는 느낌보다는 관광 기념품을 파는 시장판에 있다는 기분이 든다.

공부 정문 옆에는 공자 집안사람들이 만들어 마셨다는 술 공부가주孔府家酒를 선전하는 커다란 광고판이 있다. 그러니까 우리나라에서 오래된 가문 종손이 사는 고택을 방문했는데, 고택 대문 옆에 술 광고판이 세워져 있다고 생각하면 된다. 그리고 고즈넉한 분위기의 공부 정원에도 커다란 생수 광고판이 세워져 있다. 경복궁의 정원인 향원정 한가운데 '삼○수'라는 생수 광고판을 세운 것과 마찬가지인 셈이다.

만약 공자가 후손들이 이렇게 돈 버는 모습을 본다면 뭐라고 할까. 공자가 《논어》에서 돈에 대해 어떻게 말했는지 살펴보자.

세계 4대 성인을 출생 년도 순으로 꼽자면 석가모니, 공자, 소크라테스, 예수가 된다. 이 네 사람 중에 왕자로 태어난 석가모니와 명문 귀족의 아들로 태어난 소크라테스는 가난을 경험하지 못했을 것이다. 아버지가

**사진 4-3 공부 정문 옆 술 광고**
공자 브랜드를 내건 술 '공부가주' 광고판이 큼지막하게 걸려 있다. 유서 깊은 장소에서 광고판을 마주하게 된 심정이 내심 당혹스럽다.

목수였던 예수는 풍족하지는 못했겠지만 부모의 울타리 안에서 자랐다.

하지만 공자는 세 살 때 아버지를 잃었고 열일곱 살 때 어머니마저 저세상 사람이 된다. 어려서 고아가 된 공자는 창고지기를 비롯해 남의 가축을 돌보는 허드렛일을 하며 먹는 것을 걱정해야만 하는 밑바닥 생활을 체험했다. 이런 환경에서도 자수성가하여 성인이 되었으니 공자는 인간적으로도 대단한 사람으로 생각된다.

공자의 제자들이 공자의 말씀을 기록한 책《논어》에는 공자가 돈에 관해 어떻게 생각하는지를 알 수 있는 구절이 많이 남아 있다. 공자는《논어》에서 '가난한 사람이 세상을 원망하지 않는 것은 어렵고, 돈 많은 부자가 교만하게 처신하지 않는 일은 의외로 쉽다'라고 한다. 부자가 겸손하게 처신하는 것은 쉬운 일이며, 오히려 가난한 사람이 세상을 원망하지 않는 것이 어려운 일이라는 의미다. 인생 밑바닥에서 지독한 가난을 겪은 사람이 아니면 이런 말을 하지 못한다.

그래서 공자는 방법만 정당하다면 돈을 벌기 위해 무슨 일이든 할 수 있다고 말한다.《논어》〈술이편〉에서 공자는 '부자가 될 수 있다면 말채찍을 들고 수레라도 끌겠지만, 아니라면 내 좋은 대로 살겠다富而可求也, 雖執鞭之士, 吾亦為之; 如不可求, 從吾所好'라고 한다. 여기서 말채찍을 들고 수레를 끈다는 것은 천박한 일에 종사한다는 의미다. 그러니까 공자는 돈을 벌 수 있는 일이라면 아무리 천한 일이라도 할 수 있다는 것이다.

공자는 다른 성인들처럼 세상을 등지거나 신을 내세우지 않고, 철저히 현실을 기반으로 올바른 세상을 만들려고 한 사람이다. 그래서 세상을 살아가려면 반드시 필요한 돈에 대해 부정적으로 생각하지 않았다.

## 스승의 브랜드를 이용한 사업가, 자공

공자는 사립대학교를 설립하고 변변한 수업료를 받지 않으며 3천 200명이나 되는 제자를 가르쳤다. 그리고 현재의 법무부 장관과 비슷한 '대사구大司寇' 직을 관두고, 14년간 주변 여러 나라를 다니며 자신의 사상을 펼쳤다.

그런데 이게 모두 돈이 드는 일이다. 사립대학교를 운영하는 일이나, 제자를 데리고 14년간 여행을 하는 일은 실로 엄청난 경비가 필요하다. 그럼 이 경비가 어디에서 나왔을까?

다행히 공자에게는 자공子貢이라는 사업가 기질을 가진 제자가 있었다. 공자가 경제적으로 어려움에 처할 때마다 자공은 이런저런 사업 수완을 발휘해 경비를 조달한다. 자공의 경제적 지원이 없었다면 공자는 그 긴 시간 동안 여러 나라를 여행할 수 없었을 것이다. 그래서 사마천은《사기》에서 공자가 세상에 이름을 널리 알리게 된 것은 자공의 경제적 도움 때문이라고 기록한다.

공자의 위패가 모셔져 있는 공묘 대성전 건물에는 공자의 제자 열여섯 명의 위폐도 함께 있는데, 그 중 단목사端木賜라는 이름이 있다. 단목사는 바로 자공의 원래 이름이다.《논어》는 제자들이 묻고 공자가 답하는 형식으로 구성되어 있는데, 이《논어》에 자공의 이름이 모두 서른일곱 번이나 나온다. 이는 공자의 제자 가운데 가장 많은 횟수로, 자금 조달을 맡았던 자공의 영향력이 얼마나 컸는지를 보여주는 예다.

그렇다면 자공은 어떤 방법으로 논을 벌었을까.《논어》에는 그가 보석을 이야기하는 내용이 자주 나온다. 이런 기록을 근거로 중국 학자들은 자공이 공자와 같이 여러 나라를 여행하면서 보석 판매 사업을 했으리라 추측한다.

공자는 '인'을 주장하면서 인을 실행하는 방법으로 '예禮'를 말한다. 이런 공자의 사상을 받아들여 국가 정책으로 채택한 나라는 없었지만, 공자는 이런 사상을 주장하는 과정에서 여러 나라 사람들로부터 생각이 깊고 깨끗한 사람이라는 평판을 얻었을 것이다. 조금 험하게 표현하자면 공자는 유능한 사람은 아니지만, 남에게 사기 치지는 않을 사람이라는 평판을 얻은 것이다.

공자가 받은 이런 신뢰의 평판을 브랜드화 하여 보석 판매 사업을 한 사람이 바로 자공이다. 전쟁을 치르는 가운데 나라가 없어지고 많은 사람이 죽어 나가는 마당에 사람들은 목숨을 보전하기 위해 무슨 짓이라도 했을 것이다. 이런 난장판 같은 혼란한 세상에서 사람들에게 정직이라는 이미지를 얻은 공자라는 브랜드는 특히 '가짜' 때문에 문제가 되는 보석 판매업에 큰 도움이 됐을 것이다. 공자의 제자 자공은 이런 공자의 신뢰 이미지를 사업에 활용한 유능한 사업가다.

공자가 죽고 나서 제자들은 공자의 무덤 곁에서 3년 동안 시묘를 했다. 3년이 지나고 다른 제자들은 모두 떠났지만 자공은 혼자 공자 무덤 곁에 머물며 3년을 다시 시묘했다. 그러니까 자공은 6년 동안 공자 무덤을 지킨 셈이다. 공자를 모시는 자공의 정성이 대단했다고 생각할 수도 있지만, 공자라는 브랜드를 독점하기 위해 그러지 않았을까 하는 추측도 해본다.

**사진 4-4 자공이 공자 무덤을 지키며 생활한 공간**
공자의 제자였던 자공은 무려 6년을 이곳에서
머물며 시묘살이를 했다.

**사진 4-5 자공이 공림에 심었다는 나무**
자공이 공자 무덤 곁에 심었다는 나무다. 이 나
무를 자공수식해라고 부른다.

## 후손들이 판매하는 집안 특산품

공자의 후손들 역시 자공과 마찬가지로 공부에서 공자 브랜드를 사용해
장사한다. 브랜드 이미지 유지를 위해 광고할 필요가 없는 공자라는 브랜
드는 중국에서 최고의 상표다. 공자 후손들이 이런 최고 상표를 이용하지
않을 이유가 없다.

공부에 있는 건물 곳곳에서 공자의 후손들은 공자라는 브랜드를 사용
하여 장사한다. 먼저 공자의 75대 후손이 운영하는 가게가 있다. 건물 앞
에 '공자 75대손 공앙지 선생의 서예 삭품과 농양화 그림을 판다'는 간판

**사진 4-6 공자 75대 후손이 운영하는 가게**
공자의 후손이 그린 그림과 글씨가 걸려 있다.

이 세워져 있다. 고객이 요구하면 공양치 선생이 직접 고객의 이름으로 시를 지어 주거나 도장을 새겨 주기도 한단다. 이를 위해 공부 건물 하나를 통째로 사용한다.

공부에서는 공자 집안 특산품 음식도 판매한다. 판매 상품을 소개하는 간판에는 '현장에서 직접 만들어 직접 판매한다'는 공부팔공품孔府八貢品(공부에서 생산하는 여덟 가지 유명한 물품으로, 공부주가 등을 포함)이 소개되어 있다. 역시 공자의 후손인 사장은 공부를 방문해 집안 특산품을 먹어본 청나라 시대 건륭 황제가 맛있다며 '공부팔공품'이라는 이름을 지어 주었다고 소개하며 상술을 발휘한다.

공자의 74대손인 공씨 가문의 또 다른 후손도 역시 공부에 있는 건물에서 장사한다. 그런데 이 후손이 사용하고 있는 건물이 공부에서 장사하기에 가장 좋은 위치에 있다. 위치도 좋을 뿐만 아니라 나름대로 유명해서 인지 상점을 드나드는 사람도 꽤 많다.

상점 안에 본인을 소개하는 안내판이 있는데 서예 작품이 한국에서 살

팔린다는 내용도 있다. 본인을 소개하는 안내판에는 중국 건국 50주년 서예전에 참여하여 1등 상인 금상을 받았다는 자랑도 덧붙어 있다. 그런데 서예전에 참여하면서 출품한 서예 작품의 글이 마오쩌둥의 시 〈심원춘 설沁園春 雪〉이다.

〈심원춘 설〉은 마오쩌둥이 1936년 대장정을 마치고 지었는데, 시의 내용을 두 부분으로 나눌 수 있다. 첫 번째 부분은 중국 산하가 웅장하다는 내용이고, 두 번째 부분은 마오쩌둥이 이런 중국 산하를 보고 감탄하여 역사의 영웅 진시황제를 생각하며 중국을 통일하겠다는 포부를 가지게 됐다는 내용이다.


## 죽은 사람도 화해시키는 '돈'

공자의 후손이 손수 썼다는 서예작품을 보면서 한국사람인 필자는 한국 사람의 상식으로는 이해할 수 없는 두 가지 의문점을 품게 되었다. 첫째는 마오쩌둥이 진시황제를 생각했다는 시의 내용이다. 중국을 통일하여 혼란스런 춘추전국시대 700여 년을 끝낸 진시황제가 대단하기는 하지만, 진시황제는 공자의 유교 책을 불사르고 유학자를 죽인 사람이다. 공자의 후손이 조상인 공자의 책을 불사르고 유학을 핍박한 진시황제를 찬양하는 마오쩌둥의 시를 서예로 쓴다는 것이 이해하기 어렵다.

두 번째는 이 시를 지은 사람이 마오쩌둥이라는 사실이다. 마오쩌둥은 문화혁명을 일으켰고 문화혁명 기간 동안 홍위병에게 '모든 악귀를 쓸어버리라'며 공자의 사상을 기리는 공간인 공묘와 공부 그리고 공림을 파괴하도록 했다. 이때 홍위병은 공자를 기리는 비석을 깨버렸을 뿐만 아니라, 공자의 무덤까지 파헤쳤다. 그러니까 공자의 후손이 조상인 공자의 무덤을 파헤치도록 지시한 마오쩌둥의 시를 본인의 서예 작품 글귀로 쓴 것이다.

중국 친구에게 이런 의문을 털어놓았더니 아주 간단하고 명쾌하게 대답해준다. "공자도 죽었고 마오쩌둥도 이미 죽었는데, 무슨 상관이 있냐"고. 역시, 돈을 버는 장사와 본인의 생활 가치관을 전혀 다른 별개의 세상일로 분명하게 나누어 생각하는 중국사람답다.

# 중국에 짝퉁이
# 없어지지 않는 이유

## 술값 대신 조선 청심환

왜 중국 시장에 가짜 제품이 많은지 중국사람에게 물어보면 답변이 각양
각색이다. 어떤 사람은 과거 문화혁명 시대 살아남기 위해 남을 속이던
습관이 아직 남아 있어서라 하고, 또 어떤 사람은 땅덩어리가 크고 인구
가 너무 많아서 그렇다고 한다.

이런 저런 이유를 말하다 마지막에는 결국 '먹고사는 게 족해야 도리를
안다衣食足而知禮儀'는 맹자 이야기를 하며, 경제가 발전하고 생활이 풍족해
지면 가짜 제품이 저절로 없어질 것이라고 결론을 낸다.

하지만 이는 맞지 않다. 중국에서 가짜 제품은 오랜 역사를 가지고 있
다. 박지원이 쓴 중국 기행서 《열하일기》에는 조선에서 가지고 간 청심환

이 중국에게서 큰 인기를 누렸다는 대목이 나온다.

청심환은 원래 중국 송나라 때부터 시작된 처방약으로, 그 뒤 조선시대 때 한반도에 전해진다. 청심환의 원조는 중국인데 중국사람이 청나라에서 만든 청심환을 놔두고 조선에서 만든 청심환을 좋아하니 박지원도 그 이유가 궁금했을 터. 그래서 박지원은 중국사람에게 조선 청심환에 왜 열광하는지 물어본 후 "청나라에도 청심환이 많지만 가짜가 수두룩한데, 조선에서 만든 청심환은 진짜라서 믿을 수 있다"라는 중국사람의 답변을 《열하일기》에 기록했다. 그리고 이때부터 물건을 사거나 술을 먹을 때면 돈 대신 청심환으로 값을 치러 경비를 아꼈다고 한다.

1772년 청나라 건륭제는 고대부터 당대까지 모든 서적을 기록한《사고전서四庫全書》를 만들면서 집필 총책임자로 기윤紀昀이라는 학자를 임명한다. 그러니까 기윤은 1700년대 청나라 최고 학자였다. 이런 그가 쓴《열미초당필기閱微草堂筆記》는 귀신이나 동물을 등장인물로 하는데, 청나라 시대 사회와 생활 모습을 기록하고 있다. 여기에도 자신이 겪은 가짜 제품 이야기가 여러 번 나온다.

첫 번째는 청나라 최고 명품이라는 먹을 산 이야기다. 그런데 집에 돌아와 써보니 진흙으로 구운 벽돌에 검은 물을 들인 가짜였다고 한다. 기윤이 감쪽같이 속은 셈이다. 두 번째는 젊은 시절 과거시험을 준비하기 위해 초를 몇 자루 산 내용이다. 그런데 아무리 해도 불이 붙지 않아 자세히 보니 역시 진흙으로 모양을 만들고 겉에다 양 기름을 바른 가짜였다고 한다. 세 번째는 사촌 형님 심부름으로 오리구이를 사왔는데, 살을 다 발라내고 보니 오리의 머리, 목, 발과 뼈만 남긴 다음 진흙을 채워 넣고 오리 기름을 바른 가짜였다고 한다.

앞에서 가짜 제품이 성행하는 까닭을 '경제가 덜 발전했기 때문'이라고 추측한 중국사람 이야기를 했다. 그런데 1700년대 청나라는 세계에서 제일가는 경제 대국으로 유례없는 태평성대를 맞이하고 있었다. 그러니까 경제가 발전하고 생활이 풍족해지면 가짜 상품이 없어질 것이라는 이야기는 맞지 않다.

## 황실이 만든 '공식 모방품'

한나라 제7대 황제인 한무제는 유교를 국가 지배 사상으로 삼았다. 한나라가 멸망한 후, 당나라는 한나라가 유교를 유일한 국가 지배 사상으로 내세워서 망했다고 판단하고 사상을 개방했다. 그래서 당나라 시대에는 유교, 불교, 도교, 기독교까지 번성했다. 하지만 당나라가 멸망한 후 들어선 송나라는 거꾸로 당나라가 사상 개방 때문에 망했다고 판단해 유교를 중요시하면서 기원전 은나라와 주나라의 예법과 음악禮樂(예악)을 복구했다.

그래서 송나라는 황실 제사에 필요한 그릇과 악기를 2천 500년 전 은나라와 주나라 시대의 청동 유물로 사용했다. 처음에는 수천 년 전의 유물이 남아 있어 그것으로 제사를 지냈지만, 황실 제사 규모가 커지고 민간에서도 덩달아 유물로 제사를 지내기 시작하자 유물이 부족해지는 사태가 일어난다.

수요가 생기면 당연히 공급이 따르는 법. 이 틈에 한몫 잡으려는 사람들이 청동 유물을 얻기 위해 은나라, 주나라, 춘추시대 무덤을 파헤쳐 유물을 공급하기 시작한다. 이러다간 과거 무덤이란 무덤은 모두 파헤쳐지게 됐다.

송나라 황제는 무덤 도굴을 막기 위해 황실의 권위에는 모양이 빠지는 일이지만 어쩔 수 없이 모방품으로 제사를 지내게 된다. 국가예악국官方禮樂局(나라의 모든 공식·비공식 행사를 담당하던 부서)에서 공식적으로 모방품을 만들자 민간에서도 모방품을 생산하기 시작했다. 이렇게 만든 모방품 유물을 중국에서는 안품贗品이라고 부른다.

지금으로부터 약 3천 500년 전에 만든 은나라 시대 청동 유물과 약 1천 년 전에 만든 송나라 시대 청동 유물은 재질과 모양 제작 기술까지 똑같다. 그래서 어떤 청동 유물이 발견되면 전문가만이 어느 시대 유물인지 감정할 수 있다고 한다.

사실 송나라 시대에 만든 청동 유물이 모방품이기는 하나, 그렇다고 가짜라 부르기도 애매한 부분이 분명히 있다. 이런 모방품에 익숙한 역사적 경험이 중국사람에게 같은 기능과 효능을 가진 물건이면 정품과 모방품을 특별히 구분하지 않고 사용하게 하지 않았나 추측한다.

저장성 이우시와 광둥성 광주시에는 중국에서 가장 큰 생활용품 생산단지가 있다. 이곳 생산단지에서는 같은 기능과 효능을 가진 진짜 제품과 가짜 제품을 생산해 중국 전 지역에 공급한다. 그러면 중국사람은 본인의 필요에 따라, 어떤 때는 높은 가격의 진짜 제품을, 어떤 때는 낮은 가격의 가짜 제품을 사서 사용하는 것이다. 가짜가 특히 많은 제품 분야는 의류, 가죽제품, 식품(주로 주류와 음료수), 담배, 가전제품, 통신설비, 가구, 자동차 용품, 곡류, 씨앗, 화학비료, 보석, 골동품 등이다.

## 넓은 땅덩어리가 만든 문화

중국 대학교에서는 같은 학과에서 공부하더라도 선후배끼리 서로 알지 못한다. 또 같은 학과라도 기숙사를 같이 쓰는 몇 명만 서로 친하고 나머지 학생끼리는 그저 알고만 지낸다. 이러다 보니 졸업하고 나서 학과 동창회 모임도 없고, 당연히 대학교 동창회 모임도 없다. 나이가 몇 십 년 차이가 나더라도, 같은 대학교 출신이라는 이유 하나만으로 앞에서 끌어주고 뒤에서 밀어주는 한국 학연 문화와 달리 중국에서 학연이라는 단어는 공식 조직인 '학생연합회學生聯合會'라는 의미로만 사용된다.

　중국 대학생에게 졸업 후에 왜 대학교와 학과 동창회 같은 모임이 없냐고 물어보니 대답이 아주 간단하다. 중국이 워낙 넓고 인구가 많아 졸업 후 사회생활을 하면서 같은 대학 출신 사람을 만날 확률이 거의 없다는 것이다. 중국은 국토도 넓고 인구도 많다. 중국은 땅이 유럽(러시아 제외)의 세 배쯤 되고, 인구도 세 배쯤 많다. 그러나 유럽은 50여 개 나라로 구성되어 있는데 반해, 중국은 하나의 국가다. 이렇다보니 졸업 후 만날 일이 없다는 말이 이해가 된다.

## 행정력을 마비시킬 정도의 거리

한국에서 어떤 직장인이 회사를 옮긴다고 가정해보자. 이직하려는 회사에 온갖 증명서를 제출하지 않더라도 인사팀에서 그 사람에 대한 정보를 충분히 알아낼 방법이 있다. 같은 업계 내의 사람이라면 한두 다리 건너 그 사람의 이전 직장 근무 여부를 확인할 수 있을 뿐만 아니라 이전 직장에서의 근무 태도까지도 손쉽게 들을 수 있다.

하지만 중국이라면 어떨까. 중국 동북지역 흑룡강성 회사에서 근무하던 어떤 직장인이 중국 서북지역 신장웨이우얼자치구에 있는 회사로 이직하면서 경력증명서를 제출했다고 해보자. 인사팀 직원은 제출된 경력증명서의 진위를 확인하기 몹시 어렵다. 경력증명서에 나와 있는 전 직장의 전화번호나 홈페이지 주소를 이용해 지원자에 대한 정보를 알아낼 수도 있겠지만, 중국에는 가짜 전화번호나 가짜 홈페이지로 원하는 내용을 증빙해주는 브로커가 있다. 그렇다고 100퍼센트 확실한 정보를 얻자고 인사부 직원이 동북지역까지 직접 가서 그 사람의 경력 여부를 확인할 수는 없는 노릇이다. 중국 동북지역에서 서북지역까지의 거리는 5천 킬로미터다. 한국 남북 거리가 400킬로미터라는 사실을 고려하면 얼마나 먼 거리인지 가늠해 볼 수 있다.

가짜 제품이 제조공장에서 멀리 위치한 지역에서 유통될 경우에도 마찬가지다. 가짜 제품 제조 공장을 찾을 방법이 없다. 설혹 찾았다 하더라도, 회사 사장이 수천 킬로미터 떨어진 다른 지역으로 달아나면 추적할 방법이 사실상 없다. 그래서 특별히 사회 문제를 일으키는 마약이나 식품의 경우는 철저하게 조사해 처리하지만, 그 외의 제품까지는 행정력이 미치지 못한다. 한국도 중국처럼 국토 면적이 넓고, 인구가 많다면, 비슷한 일이 벌어지지 않을까.

중국에서는 식당에서 술을 마실 때 손님이 술을 직접 준비해간다. 그러니까 식당 주인은 안주만 파는 것이다. 손님이 식당에서 파는 술이 진짜인지 가짜인지 믿을 수 없기에 손님이 술을 직접 가지고 가서 마시는 것을 주인이나 손님 모두 당연하다고 생각한다.

그런데 이때 손님이 가지고 가는 술은 대부분 그 지역에서 생산된 제품이다. 먼 지역에서 생산된 술은 아무리 유명 상표라도 제조회사가 시장을 관리할 수 없기 때문이다. 하지만 해당 지역에서 생산된 술은 해당 지역에 있는 제조회사가 철저히 가짜 상품을 관리하므로, 중국사람은 자신이 사는 지역에서 생산된 술을 안심하고 마신다. 만약 중국 국토가 작았다면 가짜 제품이 없었을 것이라고 생각하는 이유다.

중국사람은 역사적 경험으로 인해 모방 제품에 익숙하다. '누가 제품을 만들었느냐'보다는 제품의 기능과 효능을 우선으로 생각한다. 가짜 제품을 생산하는 기업이 산업에서 차지하는 비중이 크다 보니 정부조차 이를 하나의 산업군으로 인정하는 것 같다. 더불어 저렴한 가격으로 제품을 제공하는 순기능도 있다고 생각하는 듯하다. 그러나 역시 가장 큰 이유는 넓은 국토 면적과 많은 인구에 있을 것이다.

# 4

# 중국 고객의
# 신뢰를 얻는 방법

## 보따리상과는 다른 '따이꼬우'

한국 백화점이나 서울 명동 상점 그리고 공항 면세점에서 한국 제품을 사는 중국사람이 많다. 이렇게 팔리는 제품 매출액이 상당하다. 그런데 관광만을 목적으로 한국을 방문하는 중국 여행객은 정작 본인이 필요로 하는 적은 수량의 물건만을 사기 때문에 그 수량이 얼마 되지 않는다. 그러면 어떤 중국사람이 한국 제품을 많이 살까?

한꺼번에 많은 물건을 사는 중국사람은 중국에서 한국 물건을 파는 사람이거나, 한국에서 회사에 다니는 중국 직장인 혹은 대학에 다니는 중국 유학생이다. 이들은 본인이 사용할 목적이 아니라 다른 사람에게 판매하기 위해, 또는 알고 지내는 사람의 부탁으로 물건을 사기 때문에 구매하는 수량이 상상을 초월한다. 이런 물건 구매 방식을 중국에서는 '따이꼬우代購'라고 한다.

따이꼬우란 사고 싶은 물건이 있는데 본인이 사는 지역에서 구할 수 없거나 너무 비싼 가격으로 거래되는 경우, 아는 사람에게 '대신 구매해달라'고 부탁하는 방식을 말한다. 따이꼬우 상인은 물건을 사기 위해서 한국뿐만 아니라 홍콩, 마카오, 대만, 미국, 일본, 프랑스 등을 자주 방문한다.

얼핏 보면 한국의 보따리상(중국이나 일본에 자주 다니면서 양국의 물건을 운반하여 상인에게 넘겨주는 사람)과 비슷해 보이지만 하는 일은 완전히 다르다. 한국 보따리상이 물건을 대신 운반해주는 사람이라면 중국의 따이꼬우 상인은 고객에게 물건을 주문받아 대신 구매해 판매하는 사람이다.

중국 백화점과 상점에서도 세계 각국에서 정식으로 수입한 제품을 판매하지만, 중국사람은 이런 상점에서 파는 수입 제품을 믿지 않는다. 수입 사업자가 제품을 항구에서 통관한 후 중국 내륙 운송 과정에서, 혹은 도매상이 소매상에게 공급하는 물류 과정에서, 또는 소매상이 소비자에게 판매하는 유통 과정에서 가짜 제품으로 바꿀 수 있다고 생각한다.

그래서 따이꼬우 상인이 판매하는 물건 가격이 중국 상점에서 판매하는 가격보다 1.5배 이상 비싸지만, 중국 소비자는 신뢰할 수 있는 이 방식을 이용해 물건을 산다. 이런 중국 시장 구조 덕분에 중국과 가까운 거리에 위치한 한국은 경제적으로 유리한 조건을 가지고 있다.

하지만 중국 소비자는 따이꼬우 상인이 취급하는 제품도 정품이라고 100퍼센트 믿지 않는다. 그래서 따이꼬우 상인은 자신이 판매하는 제품을 소비자가 믿을 수 있도록 물건을 팔기 전에 여러 가지 증빙 자료를 준비한다.

예를 들어, 정말로 본인이 한국 가게에서 물건을 구매했다는 사실을 증명하기 위해 여권에 찍힌 한국 출입국 날짜 사진과 한국 가게에서 물건을 사는 모습을 찍은 사진, 그리고 마지막으로 구매 영수증 사진을 보여준다. 한국 대학에 유학을 와 따이꼬우 일을 하는 대학생이라면 구입한 제품과 함께 한국 정부가 발행한 본인의 외국인등록증 사진을 찍어 한국에서 직접 샀다는 사실을 증명하기도 한다. 따이꼬우 일도 쉽지만은 않다.


## '칼을 가는 데 10년이 걸린다'

그렇다면 중국 내에서 매장을 운영하며 물건을 파는 상인들은 어떻게 자신이 취급하는 제품이 가짜가 아닌 진짜임을 광고하고 있을까. 먼저 고객에게 신뢰를 주기 위해, 제품 용기에 자신만의 별도 스티커를 붙인다. 만일 한국 화장품을 판매한다면, 한국 화장품 용기 표면에 정품正品이라고 인쇄된 스티커를 붙여 제품의 신뢰도를 높인다. 자신이 판매하는 제품에

**사진 4-7 정품 스티커**
제품 표면에 정품임을 인증하는 스티커가 붙어 있다.

자신이 만든 인쇄물을 추가했기 때문에 문제가 있으면 당연히 반품이나 교환을 해준다는 말도 덧붙인다.

중국 상가를 걷다 보면 상점 간판 아래 광고물을 많이 볼 수 있다. 그런데 이 광고물은 대부분 제품에 대한 홍보가 아니라, 제품에 대한 신뢰를 보증하는 문구로 구성돼 있다. 가장 많은 문구는 가이배십假一賠十으로 '물건이 가짜면 10배를 보상해 주겠다'는 내용이다. 어떤 상점은 이런 문구가 너무 약하다고 생각하는지 '가이배십만假一賠十萬'이라며 물건이 가짜면 10만 배를 보상해 주겠다는 파격적인 내용을 걸기도 한다. 최근에는 이마저도 식상해졌다고 판단해서인지, 좀 더 과격한 내용도 있다. '가화살수假貨殺手', 즉 '이곳에서 파는 물건이 가짜면 내 손모가지를 자르겠다'는 의미다. 앞으로 목숨을 걸겠다는 문구도 나올지 모른다.

하지만 이런 광고로 새로운 소비자를 유인하는 데는 한계가 있다. 그래서 상점을 운영하는 중국 상인은 단골손님을 매우 중요시한다. 단골손님은 이미 거래를 통해서 제품에 대한 신뢰를 가지고 있다고 생각하기 때문에, 중국 상점은 단골손님에게 가격할인 외에 추가 사은품 제공 등 여러 편의를 제공한다.

한국에서 단골손님은 '늘 정하여놓고 거래하는 손님'을 말한다. 중국에서 단골손님은 '노객호老客户'라고 하는데 '오랫동안 가게를 방문한 사람'이라는 의미다. 한국에서 단골손님의 기준은 '얼마나 자주 거래했는지'인데, 중국에서 단골손님 기준은 '얼마나 오래 거래했는지'다.

중국에서 사업이나 장사를 하면서 단골손님을 만드는 데는 시간이 필요하나. 그래서 중국사람은 상사를 시작할 때, 보유하고 있는 자본의 운용 방법이 한국사람과 비교해서 극단적일 정도로 보수적이다. 처음 장사를 시작할 때 초기 투자비용은 보유 자본의 20퍼센트에 불과하다. 나머지 80퍼센트는 단골손님을 확보하는 기간까지의 운영자금으로 남겨놓는다.

중국사람에게 물어보면 장사를 시작하고 처음 3년은 이익을 볼 생각조차 하지 않는단다. 적어도 3년은 지나야 단골고객을 확보해 이익이 생긴다고 생각하는 것이다. 중국에는 '칼을 가는데 10년이 걸린다十年磨一劍'는 고사성어가 있다. 어떤 일이든 10년은 해야 결과를 얻을 수 있다는 의미다. 중국에서 치고 빠지는 장사 방법은 통하지 않는다.

## 수권서와 기함점 그리고 관방

중국 인터넷쇼핑몰에서는 중국 소비자에게 정품이라는 신뢰를 주기 위해 어떤 방법을 사용하고 있을까. 중국 인터넷쇼핑몰에는 쇼핑몰 운영자가 해당 제품을 판매할 수 있는 합법적 권한을 가지고 정품만을 판매한다는 사실을 광고할 수 있는 제도가 갖춰져 있다.

**사진 4-8 수권서**
중국에서는 수권서를 통해 해당 제품의 판매 권한을 증명한다.

먼저 중국 인터넷쇼핑몰에서 정품을 광고하는 방법으로 수권서授權書가 있다. 수권서란 제품을 생산하는 기업이나 제품을 판매하는 대리상이 어떤 개인이나 사업자에게 해당 제품을 판매할 수 있는 권한을 줬다는 사실을 증명하는 서류다.

그래서 이런 수권서가 있는 쇼핑몰 운영자는 당연히 이를 스캔해서 쇼핑몰 화면에 띄워 홍보한다. 중국에서는 병행수입이 허용되지 않는다. 그렇기 때문에 인터넷쇼핑몰에서 수권서 없이 수입 제품을 판매하면 해당 제품 수권서를 가진 사업자가 판매 중지를 요구할 수도 있다.


다음으로 기함점旗艦店 제도가 있다. 기함점이란 한국의 대리점이나 가맹점처럼 제품 제조 회사로부터 해당 제품을 일정 지역이나 공간에서 판매할 수 있는 권한을 받았다는 사실을 증명하는 제도다.

중국에서 한국 브랜드 회사 제품을 판매하는 인터넷쇼핑몰 운영자는 기함점이라는 사실을 광고한다. 예를 들어 한국의 'T' 화장품 회사로 부터 중국 내 판매 권한을 받은 중국 인터넷쇼핑몰에 들어가 보면 화면 왼쪽 위에 기함점이 표시되어 있음을 알 수 있다.

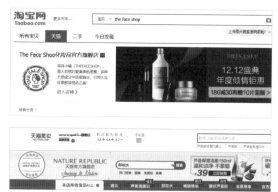

**사진 4-9 기함점 표시**
화면 왼쪽 위에 기함점 표시가
보인다.

마지막으로 관방官方 제도가 있다. 관방이란 원래 정부에서 운영하는 국가기관이라는 의미다. 그런데 중국 인터넷에 가짜 홈페이지가 많아서, 국가기관이나 기업이 정식으로 운영하는 홈페이지라는 것을 증명해 주는 제도로 발전했다. 만일 중국 청도맥주를 중국 포털 사이트에서 검색하면 검색 결과 화면 중 '관방' 표시를 찾을 수 있을 것이다. 그곳이 바로 청도맥주 회사가 정식으로 운영하는 홈페이지다.

최근 '역직구'가 유행한다. 역직구란 해외 소비자가 한국 내 인터넷쇼핑몰에서 물건을 사는 형태의 거래 방식이다. 중국 소비자가 한국 인터넷쇼핑몰에서 검색을 한다면 무엇을 볼까. 당연히 수권서, 기함점, 관방 여부를 따질 것이다.


## 알면서 사용한다

한국 기업이 제조한 제품이 중국 소비자에게 인기를 얻어 잘 팔리게 되면 당연히 얼마 지나지 않아 중국 회사가 한국 기업 회사명과 유사한 상표를 사용해 모방 제품을 만든다. 오토바이와 자동차 브랜드로 잘 알려진 일본 혼다의 경우를 알아보자. 혼다는 중국에 혼다중국本田中国 회사를 설립하고 영어 상표 HONDA로 오토바이와 자동차를 생산해 중국 내수시장에 판매하고 있다.

혼다 오토바이가 중국 소비자에게 인기를 얻자 중국 오토바이 생산회사가 홍따오토바이회사宏達機車有限公司를 만들어 HONGDA宏达(홍따)를 상표로 등록하고 제품 외양이 비슷한 오토바이를 생산하기 시작했다. 이번에는 혼다 자동차가 중국 소비자에게 인기를 얻자 중국 장안자동차회사長安汽車가 HONOR歐诺(혼올)을 상표로 등록하고 제품 외양이 비슷한 자동차를 생산한다. 상표 철자도, 제품 외양도 비슷하지만 당연히 다른 브랜드다.

일본 혼다는 중국 내수시장에 비슷한 외양을 가진 모방 제품이 유사한 상표로 판매되는 바람에 분명 손해를 봤을 것이다. 하지만 혼다는 중국에서 새로운 시장을 얻었다. 혼다 제품이 유명해지자 중국 소비자가 중국이 아닌 일본에서 생산된 혼다 제품을 찾기 시작했다.

혼다 제품은 중국에서 각기 다른 세 개의 시장에서 팔린다. 첫 번째는 일본에서 생산돼 중국으로 수입한 혼다 제품을 판매하는 비싼 가격 시장, 두 번째는 중국 혼다 공장에서 생산해서 판매하는 중간 가격 시장, 마지막으로 중국회사에서 유사 상표로 모방 제품을 생산하여 판매하는 가격이 싼 시장이다.

중국에는 '일원을 주고 산 물건은 일원의 가치만 가진다一分錢, 一分貨'는 말이 있다. 적정가 이하로 구입한 상품이 진짜라고 생각하는 중국사람은 없다. 어려서부터 어머니에게 '속지 마라'는 교육을 받은 중국 소비자는 진짜와 가짜 상품을 구별하는 능력이 탁월하다. 중국 소비자는 남에게 속아서 가짜 상품을 사는 게 아니라, 자신의 경제 능력에 따라 비슷한 기능과 효능을 가진 모방 제품을 사는 것이다. 모방 제품에 대한 수요가 있는 한, 모방 제품은 계속 공급될 가능성이 높다. 다만 중국사람은 모방 제품이라 부르고, 다른 나라 사람은 가짜 제품이라고 부를 뿐.

## 5장

# 지독한
# 현실주의자,
# 철저한
# 실용주의자

# "불의는 참아도
# 불이익은 못 참아"

## 현실에는 없는 '권선징악'

1976년 중국 베이징에서 동쪽으로 200킬로미터 떨어진 하북성 탕산시에서 진도 7.8 규모의 지진이 발생한다. 탕산 대지진은 23초간 지속됐는데 이 짧은 시간 동안 벌어진 일로 24만 명이 사망하고 44만 명의 부상자가 발생했다. 이 사고는 탕산대지진이라 불리게 된다.

2010년 중국에서 국민 영화감독으로 칭송받는 펑샤오강馬小剛 감독이 탕산대지진을 소재로 영화를 만든다. 이 영화는 한국에서도 〈대지진〉이라는 제목으로 개봉됐다. 영화에서 주인공은 남편과 사무실에 있다가 지진이 발생하자 집으로 달려간다. 주인공의 여섯 살배기 쌍둥이 아들과 딸은 잠을 자다 지진이 발생하는 바람에 집에서 탈출하지 못하고 갇힌다.

주인공이 남편과 집에 도착했을 때, 자녀들이 있던 아파트 건물이 막 무너지려고 한다. 자식을 구하기 위해 건물 출입구로 뛰어가던 남편은 건물 위에서 떨어지는 파편에 맞아 죽는다. 남편이 죽는 모습을 본 주인공은 슬퍼할 겨를도 없이 자식을 구하기 위해 무너진 건물 잔해로 달려가 돌무더기 아래에 있는 자식을 발견한다. 그들을 구하려는 순간, 또다시 시작된 지진으로 건물이 완전히 무너진다. 눈앞에서 자식들은 사라지고 만다.

이 장면에서 주인공은 하늘을 향해 "라오티엔예, 니거왕빠단老天爺 你個王八蛋"이라고 소리친다. 우리나라 말로 번역하면 "하느님 개X끼"다. 중국어에서 라오티엔예老天爺는 '하늘에 있는 나이 많은 할아버지'로 한국의 '하느님'과 같은 의미다. (개신교에서 말하는 '하나님'이 아니다.)

한국에서 이 영화와 같은 상황이 발생한다면 한국사람은 '하늘이 왜 나에게 이런 고통을'이라며 하늘을 원망할지언정 '하느님 개X끼'라고 대놓고 욕하지는 않을 것이다. 하지만 중국사람은 하느님의 존재를 믿지 않으니 이 정도 욕쯤이야 내뱉을 수 있다.

중국사람은 불가사의한 능력으로 세상의 선악을 판단하고 그에 따라 인간에게 길흉화복을 내리는 하느님의 존재를 별로 믿지 않는다. 중국사람에게 하느님은 경배하거나 두려워할 대상이 아닌 것이다.

중국사람은 사람이 살아가는 현실 세상에는 권선징악이라는 법칙이 없다고 생각한다. 그래서 중국사람은 세상 모든 일을 현실적으로 생각하고 현실적으로 행동한다. 이제부터 중국사람이 왜 이런 사고방식을 갖게 됐는지 살펴보지.

## 사후세계를 믿지 않는 중국

2천 500년 전 공자가 살던 중국 노나라는 주변의 어느 나라보다도 도덕적으로 정통성이 있었다. 노나라는 주공이 세웠다. 중국 고대사에 하, 은, 주 세 나라가 있었는데, 주공은 주나라를 세운 문왕의 둘째 아들로 형인 무왕이 죽은 뒤 나이 어린 조카를 대신해 나라를 운영한다. 조카가 성인이 된 뒤에는 깨끗하게 실권을 넘겨줬다. 이런 도덕적 정통성을 가진 주공의 노나라에서 공자 시대에 와서 제후(왕)가 실권을 잃고 귀족들이 판을 쳐 세상이 어지러워지는 상황이 벌어졌다.

이런 상황에 직면한 공자는 하늘에 있는 초자연적인 뭔가가 세상을 올바르게 이끌어간다는 생각을 의심하게 된다. 그래서 공자는 초자연적인 힘을 가진 하늘 신의 존재나 사람이 죽은 후에 영혼으로 변해 귀신으로 존재한다는 관념을 믿지 않게 된다. 공자는 제자가 귀신과 사후 세계에 관해 물었을 때 "사람의 일도 아직 잘 모르는데 귀신의 일을 어떻게 알겠느냐. 또 살아생전의 일도 아직 잘 모르는데 죽어서의 일을 어떻게 알겠느냐"고 답한다.

그러니까 귀신이 있는지 없는지, 사후 세계가 있는지 없는지 모르겠다는 말이다. 누구나 잘 모르는 일은 믿지 않는다. 그래서 공자는 사람 사는 세상의 일은 사람이 해결해야 한다고 생각했을 것이다. 그래서 세상일을 해결하는 이데올로기로 '인'이라는 사상을 만들게 된다. 이런 공자의 사상은 오늘날의 시각으로 봤을 때도 상당히 합리적이다. 세상에서 벌어지는 일은 사람이 해결해야지, 초자연적인 힘을 가진 하늘이나 신이 해결해주지 않는다.

공자의 철저한 현실주의 사상을 수천 년 동안 교육받은 중국사람은 매사에 현실적이다. 중국사람은 하늘에 신이 있고, 사람이 죽어서 귀신이 된 후 생전에 착한 일을 많이 하면 극락이나 천당에 가고 나쁜 일을 많이 하면 지옥에 간다는 사실을 믿지 않는다.

혹자는 중국사람이 공산주의 유물론 사상을 교육받고, 문화대혁명(1966~1976년)을 거치면서 현실주의적인 생각을 가지게 됐다고 말한다. 그래서 오늘날 중국사람이 현실적인 실제의 일에만 관심 있고 사후 세계를 강조하는 종교에는 관심이 없다고 한다. 하지만 중국사람은 이미 2천 500년 동안이나 현실주의적인 생각으로 가지고 살았다. 필자는 중국에 공산주의 유물론 사상을 근간으로 하는 국가가 아닌 자본주의 사상을 근간으로 하는 국가가 건국되었다고 해도 중국사람은 여전히 현실주의적인 생각으로 살았을 것으로 생각한다. 그렇게 생각하는 이유는 아래와 같다.

중국에서 초자연적인 신의 존재나 사람이 죽으면 귀신이 돼 극락이나 지옥에 간다는 종교는 대부분 실패했다. 1850년 중국에서 태평천국太平天國의 난을 일으킨 홍수전洪秀全이라는 사람은 자신이 기독교 예수의 동생이라며, 기독교의 전국을 '현실에서 이루겠다'고 설파했다. 이래야만 사람이 모인다.

현실적인 실재의 일에만 관심 있는 중국사람의 행동 양식이나 사고방식은 공자의 현실주의 사상에서 연유한다. 한국에서는 상대방이 도덕이나 윤리 상식에 벗어나는 생각이나 행동을 하려고 하면 '하늘이 보고 있다'거나 '하늘이 무섭지도 않냐' '천벌을 받는다'라며 세상일은 결국 권선 징악에 따라 결말이 나니 항상 하늘을 염두에 두고 미리 생각과 행동을 조심하라고 한다.

그런데 공자는 세상일을 관장하는 '하늘'은 없다고 했다. 그래서 중국 말 '사람의 일은 하늘이 보고 있다人在做天在看'나 '사람의 일은 하늘에 달렸 다人在做天在看'는 한국과는 다른 의미가 있다. 중국에서 '하늘이 보고 있다' 는 상대방이 좋은 일을 했는데도 보상받지 못했을 경우 또는 상대방이 나 쁜 일을 했는데도 벌을 받지 않을 경우, 즉 어떤 행동에 대한 결과가 상식 과 벗어났을 때 그 결과를 수용하는 방법으로 사용된다. 한국에서처럼 미 리 행동과 생각을 조심하라는 의미가 아니라 이미 발생한 결과를 자신의 운명으로 받아들이는 의미가 있다.

## 하늘을 우러러 한 점 부끄럼 없이

중국사람은 현실의 조건이나 상태를 그대로 인정하고 그에 따라 생각하 고 행동하기 때문에 한국사람의 사고방식으로는 좀 심하다고 여겨지는 경우도 있다. 리니엔구李年古는 중국 후난성에서 태어나 중국 창사長沙 텔레 비전 방송국 뉴스 부부장으로 일했다. 그 후 1995년부터 일본 기업의 중 국 현지 회사에서 근무하며 일본 기업인 미쓰비시나 소니, 도시바, 히타 치, 도요타 등에서 일본 기업인들에게 '중국매니지먼트'라는 주제로 강의 를 하기도 했다.

이 사람이 일본 기업인들에게 강의한 내용을 책으로 엮어 출판했는데, 그 책 제목이 《불의는 참아도 불이익은 참지 않는다》다. 중국사람의 살아가는 모습을 한마디로 정의했다고 생각된다. 세상 모든 일이 권선징악으로 이뤄지는 것이 아니라고 생각하는 중국사람은 당연히 주변의 불의에 무관심해지게 된다. 하지만 자신에게 조금이라도 불이익이 생기는 것은 현실적으로 자신과 이해관계가 있기에 당연히 참지 못한다.

중국사람은 하늘이 세상의 선악을 주관한다고 생각하지 않기에 자신이 현실 세상에서 어떤 행동을 하더라도 꺼릴 것 없다고 생각하는 경향이 팽배하다. 또한 자신이 주변에서 생기는 불의한 일에 무관심하기 때문에 다른 사람도 직접적인 이해관계만 없다면 자신의 불의한 행동에 무관심하다고 생각한다. 그래서 주위 사람 모두가 자신을 속일 수 있다고 생각하고, 그러므로 자신도 주위 사람을 속이는 것이 당연하다고 생각하며, 이런 모습이 세상 현실이라고 여긴다. 작게는 공중도덕을 지키는 일에서부터 직장에서 사업장에서 중국사람의 이런 현실주의적인 모습을 자주 발견할 수 있다.

중국사람과 부대끼고 살면서 처음에는 이런 모습을 보고 너무 한다는 생각이 들기도 했지만, 지금은 중국사람의 살아가는 모습이 한국사람보다 더 솔직하고 확실하다는 생각이 들기도 한다. 한국사람은 중국사람이 의뭉스러워 속을 알 수 없다고 하는데, 필자가 겪은 중국사람은 너무 분명하게 생각하고 명확하게 행동해서 오히려 한국사람보다 가식이 없다고 느껴지기도 한다.

## 눈물바다가 된 예능 프로그램

중국사람은 세상일에 대해 명쾌하게 원칙을 제시해주는 하느님이나 신이 없다고 생각하기에 옳고 그름을 판단할 때 자기 생각보다는 주위 사람들이 어떻게 생각하는지를 중요하게 생각한다. 그래서 많은 사람이 옳다고 생각하는 쪽이 옳다고 여긴다. 설혹 자신의 판단으로는 옳지 않다고 생각할지라도, 많이 사람이 옳다고 하면 옳다고 판단해버리는 것이다. 어쩌면 다수 쪽에 속해 있을 경우 혹시 분란이 일어나더라도 더 안전하다는 현실적인 생각을 하는지도 모르겠다.

지난 2016년, 중국 정부는 효를 중시하는 정책을 펴기 시작했다. 중국은 1980년부터 한 명의 자식만 낳는 정책을 실행했기 때문에 35년이 지나자 젊은이 한 명이 아버지와 어머니 그리고 친조부모와 외조부모 등 모두 여섯 명을 책임져야 하는 상황이 발생한 것이다.

텔레비전을 켜기만 하면 효를 강조하는 공익광고가 방영됐다. 이렇게 정부가 효를 강조하자 사람들이 자신도 효자라는 것을 보여주기 시작한다. 텔레비전 대담 프로그램이나 예능 프로그램에 나오는 모든 출연자가 눈물을 흘리며 그동안 부모님에게 효도를 못해서 잘못했다며, 앞으로는 꼭 효도하겠다고 이야기한다. 그러면 방청객들도 따라서 눈물을 흘렸다.

이렇게 되자 즐거워야 할 예능 프로그램이 눈물바다가 되는 묘한 상황이 벌어지기도 한다. 하지만 한바탕 눈물 잔치를 벌이고 나면 언제 그랬느냐는 듯이, 대담 프로그램에서는 웃으면서 대화를 하고 예능 프로그램에서는 몸을 흔들며 흥겹게 노래를 부른다.

2017년, 정부 정책이 바뀌었는지는 알 수 없지만 텔레비전에서 효를 강조하는 공익광고가 사려졌다. 당연히 대담 프로그램이나 예능 프로그램에 나오는 출연자들이 불효했다면서 눈물을 흘리는 모습을 볼 수 없게 되었다.

## '중국사람에게는 연극 본능이 있다'

1800년대 후반 중국에서 생활한 미국사람 아서 스미스Arthur Smith는《중국인의 특성》이라는 책에서 '중국사람에게는 연극 본능이 있다'고 했다. 중국사람은 마치 무대에서 연기하는 것처럼 현실 상황에서 가장 적절하다고 여겨지는 말과 행동을 한다. 그리고 상황이 바뀌면 또 바뀐 현실 상황에 가장 적절하다고 여겨지는 말과 행동을 한다. 마치 현실의 상황에서 많은 사람이 A가 옳다고 하면 그렇게 여기고 그에 맞추어 행동하고, 현실의 상황이 바뀌어 많은 사람이 A가 틀리고 B가 옳다고 하면 또 그렇게 여기고 그에 맞춰 행동하는 것이다.

그래서 한국사람은 중국사람이 어제와 오늘 다르게 행동한다면서 도무지 종잡을 수 없다고 생각한다. 그런데 중국사람은 서로가 '아, 지금 상대방이 현실 상황에 맞게 연기하는구나'라며 알아챈다. 그래서 상대방이 어떻게 말하고 행동하더라도 단지 보여주려고 저렇게 말하고 행동한다고 생각한다. 그러니까 많은 사람이 텔레비전에서 효를 이야기하니 자신도 텔레비전에서 효를 보여주기 위해 눈물을 흘려준 것이다. 마음에서 우러나 저절로 눈물이 나온 것이 아니라.

# 2

# 어제 다르고
# 오늘 다르다

## 입시는 공자에게, 연애는 석가모니에게

현실적인 삶을 사는 중국사람은 신의 존재를 믿지 않는다. 그래서 중국사람이 숭배하는 종교의 창시자는 모두 사람이다. 중국사람의 정신세계를 담당하는 종교로는 유교·불교·도교가 있는데, 이 세 종교사상의 기초를 닦은 사람은 각각 공자·석가모니·노자다.

중국사람은 기회가 있을 때마다 위의 세 사람에게 예를 표한다. 예를 표하는 '제사'에 대한 의미는 한국과 다르다. 한국에서는 '제사'를 신령이나 죽은 사람의 넋에게 음식을 바쳐 정성을 나타내는 의식이라고 한다. 한편 중국에서는 신령이나 조상에게 음식을 바쳐 숭배하고 보호해주기를 바라는 의식이라고 풀이한다.

사진 5-1 도교사원의 허원패(좌)
사진 5-2 공자 공묘 대성전의 허원패(우)
중국사람은 빨간 나뭇조각이나 천에
소원을 적어 걸어놓는다. 이를 허원패
라고 부른다.

중국사람은 '제사'라는 예를 표하면 당연히 제사의 대상이 되는 신령이나 성인이 자신을 보호해준다고 생각한다. 보호해준다는 단어는 자신에게 나쁜 일이 일어나지 않게 한다는 의미도 있지만, 좋은 일이 생기게 해준다는 의미도 포함한다. 중국에서는 내가 바라고 원하는 내용을 빨간 나뭇조각이나 천에 써서 걸어놓는데, 이런 표찰을 허원패許願牌라고 한다. '소원을 적은 표식'이라는 의미다.

중국사람은 유원시에 놀러 갔는데 그곳에 절이 있으면 소원을 적은 표식 허원패를 걸어 놓고, 등산 갔는데 그곳에 도교 사원이 있으면 또 허원패를 걸어놓는다. 마찬가지로 유교 공간인 공묘나 문묘를 방문했을 때도 역시 허원패를 걸어놓는다. 불교나 도교나 유교를 종교로 믿는 게 아니라, 모두 훌륭한 성인인데 예를 표하면 소원을 들어줄 것이라 생각한다는 이야기다. 유교·불교·도교 창시사 공자·석가모니·노자의 사상이 다르기는 하지만, 객관적으로 모두 타당성이 있기 때문에, 필요할 때마다 가장 적당하다고 생각되는 종교를 가져다 쓰는 것이다.

대학 입시나 입사 시험을 앞두고는 훌륭한 신생님이였넌 유교의 공자가 필요하고, 사업에 실패하거나 연애하던 대상과 헤이저 마음이 심란하면 불교의 석가모니가 필요하고, 건강이 나빠지거나 장사를 시작할 때는 도교의 노자나 재물신 관우關羽가 필요하다.

그런데 이렇게 상황에 따라 필요한 종교가 다르고, 또 종교의 창시자를 기리는 공간이 다른 장소에 있다 보니 불편했나 보다. 그래서 중국사람들은 공자와 석가모니와 노자를 함께 모시는 삼수당三修堂이라는 종합공간을 만들게 된다. 한국에서는 쉽게 상상할 수 없는 개념이다.

삼수당에서 '수修'는 한국 한자에서는 '닦다, 익히다'라고 해석하지만, 중국어에서는 '고쳐서 완전하게 만든다'라고 해석한다. 그러니까 중국사람은 삼수당이라는 공간을 찾아 각각 다른 능력을 갖춘 공자와 석가모니와 노자에게 이루고자 하는 바를 한꺼번에 말하는 것이다. 마치 한국의 중국 음식점에서 자장면과 짬뽕을 한 번에 먹을 수 있는 '짬짜면'을 먹는 것과 같다. 중국사람은 각각의 종교가 서로 다른 사상을 가지고 있고, 또 그 다른 사상이 서로 모순된다고 할지라도, 상황에 따라 언제든지 필요한 부분을 가져다 사용하는 실용적인 견해를 가지고 있다.

사진 5-3
삼수당 모습
도교와 불교와 유교의 창시자가 한 곳에 함께 모셔져 있다.

## 필요하다면 원수도 데려다 쓴다

청나라 옹정황제는 "불교로는 마음을 다스릴 수 있고, 도교로는 몸을 다스릴 수 있으며, 유교로는 세상을 다스릴 수 있다"라고 했다. 또 실제 그렇게 생활했다. 황제 신분으로, 먹는 문제 즉 경제생활은 풍족했기 때문에 돈을 벌게 해준다는 관우는 필요하지 않았나 보다.

일반 중국사람은 공인으로 생활할 때는 유교를, 개인으로 생활할 때는 도교를 사용해 살아간다. 중국사람은 사회생활에서 공인으로서의 모습을 보여야 할 때는, 철저히 유교 사상에 따라 국가에 충성하고, 자신이 속한 사회 조직의 발전을 위해 최선을 다하겠다고 한다. 즉 유교 사상 인의예지신仁義禮智信의 마음으로 '나'보다는 '남'을 위해 살겠다고 목소리 높여 말한다.

하지만 개인생활 공간으로 돌아오면, 사회생활 공간에서 자신이 언제 공자님 같은 말을 했냐는 듯 그런 말을 깨끗하게 잊어버린다. 그리고 이번에는 개인 생활에 필요한 도교 사상에 따라 건강하게 오래 살고, 돈을 버는 데 힘쓴다. 그러니까 사회생활을 하면서는 유교 공자 말씀처럼 살아야 한다고 말하고, 개인 생활을 하면서는 도교의 신선처럼 오래 살기 위해 좋은 음식을 먹고, 또 이런 좋은 음식을 언제든지 먹을 수 있는 돈을 버는 데 최선을 다하는 것이다. 설령 낮에 사회생활을 하면서 말한 내용과 저녁에 개인 생활을 하면서 행위하는 내용이 서로 모순될지라도, 각각의 상황에서 필요하다고 여겨지는 대처 방안을 실용적으로 판단해 행동했기에 스스로에게는 전혀 문제가 되지 않는다고 여긴다.

## '관포지교'의 교훈

'관포지교'는 친구인 관중과 포숙 두 사람 이야기인데 우리나라에도 잘 알려져 있다. 중국 춘추시대 제나라에 정변이 일어나자 관중은 왕자 '규'를 포숙은 왕자 '소백'을 수행하고 이웃 나라로 피한다. 제나라에서 정변을 일으킨 왕(제후)이 죽자, 관중이 모시는 규 왕자와 포숙이 모시는 소백 왕자 두 사람 중 한 사람이 왕위에 오를 수 있게 됐다.

관중은 서둘러 모시던 규 왕자를 귀국시키고, 자신은 규의 동생 소백 왕자를 암살하려고 소백이 지나는 길목에 숨어 기다린다. 관중은 소백이 나타나자 활을 쏘아 그를 죽이고, 자신이 모시는 규 왕자를 왕으로 추대하기 위해 여유롭게 제나라로 향한다.

하지만 이때 관중이 쏜 화살이 소백의 복부를 명중시키기는 했지만, 불행하게도 화살이 왕자의 허리띠 장식을 맞혔다. 소백 왕자는 위험한 상황을 벗어나기 위해 죽은 척하면서 관중을 속인 것이었다.

그후 소백 왕자가 왕권 다툼에서 승리하자, 규 왕자를 지지했던 신하들은 죽임을 당하거나 자결한다. 하지만 관중은 도망가서 목숨을 보전한다. 소백 왕자는 제나라 15대 왕에 올라 환공이 된다. 환공은 왕이 된 후 그동안 옆에서 보좌했던 포숙에게 재상(총리)을 추천하라고 한다. 이때 포숙은 친구인 관중을 추천한다. 실용주의자인 환공은 관중이 자신을 죽이려 했던 원수지만, 능력을 높아 사 그를 총리에 임명한다. 관중은 환공을 도와 나라를 부강하게 만들어, 제나라 환공을 춘추시대 오패(다섯 패자) 중 첫 번째 패자로 만든다. 그 후부터 사람들이 진정한 친구 사이를 말할 때,

관중과 포숙을 이야기하면서 '관포지교'라는 고사성어가 생겼다.

'관포지교'는 친구 사이의 우정을 의미하는 고사성어지만 이 이야기에서 제나라 환공의 실용주의적인 사고방식도 발견할 수 있다. 환공은 어떤 인재가 꼭 필요하다고 판단되면 그 사람이 과거에 자신을 죽이려고 한 원수였다는 사실 같은 건 전혀 개의치 않았다.

이런 중국사람의 실용주의적인 사고방식과 생활태도는 공자 이야기를 쓴《논어》에서도 발견할 수 있다. 공자와 제자들이 관중의 환공 암살 미수 사건을 토론한 내용이《논어》〈현문편〉에 나온다.

제자 자로가 공자에게 묻는다. "왕자 규를 모시던 신하들은 규가 왕권 다툼에서 패하자 그를 따라 자결해 신하로서 해야 할 도리를 지켰는데, 가장 가까이서 규를 수행했던 최측근 관중은 도망쳐 목숨을 연명했을 뿐만 아니라 오히려 규의 적이었던 환공 밑에서 재상(총리)까지 지냈으니 관중이 인을 행했다고 말할 수 없다"는 내용이다.

하지만 공자는 자로의 질문에 "너는 한 사람의 행동에서 인의를 찾으려고 하지만, 나는 천하 질서를 회복하는 데서 인의를 찾으려고 한다"라면서 "나는 관중이 의를 거슬렸다고 보지 않는다. 관중이 이룬 업적으로 말미암아 춘추시대 백성이 편해졌고, 특히 오랑캐의 침략을 막아 중원(춘추시대 중국을 총칭하는 지역명)의 문화를 지켰다"라고 말한다. 실제 결과가 중요하므로 원하는 결과를 얻기 위해서는 실용주의적인 사고방식이 필요하다는 가르침이다.

## 어제의 역적이 오늘의 충신으로

2006년 중국 국영 텔레비전 방송국인 CCTV는 〈스랑대장군施琅大將軍〉이라는 연속극을 방영한다. '스랑'은 명나라에서 청나라로 왕권(황권)이 교체되는 시기의 장수였다. 스랑의 인생은 다사다난했다. 처음에는 명나라 장수로 일하다가 부대장과 같이 청나라로 투항해 청나라 장수가 된다. 그리고 얼마 지나지 않아 다시 명나라로 돌아와 명나라 장수가 됐다가, 다시 청나라로 귀순해 명나라 멸망에 앞장선다.

이 시기 마지막까지 명나라 왕조(황조)를 지키기 위해 싸운 정성공鄭成功이라는 장수도 있었다. 정성공은 대륙에서 명나라가 멸망하자, 근거지를 타이완으로 옮기고 최후까지 명나라 부흥을 위해 힘쓴다. 하지만 청나라로 귀순한 스랑이 타이완을 공격해 명나라는 결국 멸망하고 만다. 그 후 청나라 황제와 역사가들은 정성공을 마지막까지 국가를 위해 싸운 충신으로, 스랑을 자신의 이익을 위해 이 나라, 저 나라를 왔다 갔다 한 배신자로 기록한다.

새로 국가를 세운 청나라 입장에서는 스랑 장군이 비록 청나라를 위해 싸우기는 했지만 배신자이고, 하나의 나라에 끝까지 충성한 정성공이 충신이라며 앞으로 청나라 장군은 오직 청나라를 위해서만 싸우라는 본보기가 필요했던 것이다. 마치 우리나라에서 고려를 멸망시키고 조선을 세운 이성계가 마지막까지 고려 왕조를 위해 애쓰다 죽은 정몽주를 충신이라고 치켜세우는 것과 같은 경우다.

그래서 최근까지 중국사람은 정성공은 충신이고 스랑은 배신자라는 등식을 머릿속에 새기고 살았다. 그런데 2006년 중국 국영 텔레비전 〈스랑대장군〉 연속극에서는 스랑 장군이 타이완을 대륙에 복속시킨 중국 통일 영웅으로 그려진다. 연속극을 제작한 연출가는 타이완이 중국 일부라는 역사적 사실을 상기시켜 인민들이 타이완 문제에 관심을 갖게 하기 위해 새로운 시각으로 스랑 장군을 해석했다고 밝혔다. 그러니까 스랑 장군은 중국 역사에서 300년 동안 배신자였다가, 2006년 갑자기 중국 통일 영웅이 된 것이다.

## 일관성보다 중요한 유연성

중국과 관련된 일을 하는 한국사람은 "중국사람은 어제 한 말과 오늘 하는 말이 다르고, 과거에 했던 행동 방식과 지금 하는 행동 방식이 달라서 도무지 속을 알 수 없다"고 한다. 이런 인식 때문에 중국사람이 무슨 생각을 하는지, 앞으로 어떻게 행동할지 예측 불가능하다고 말한다.

중국사람은 같은 일이라도 매번 당시 주위 상황과 여건에 따라 다르게 대응한다. 현재 상황에서 가장 실용적인 최선의 대응 방안을 찾는 것이다. 그래서 어떤 일을 처리할 때 원칙을 지키는 '일관성'은 부족하다.

중국사람은 맞닥뜨린 상황을 파악하고 대처할 때, 정해진 원칙이나 법칙이 없기에 과거 5천 년 역사 속에서 유사한 사례를 찾곤 한다. 중국사람에게 역사는 종교와 같다. 그들은 스스로 판단하기 어려운 일이 생기면, 항상 과거 사람들은 이런 상황에서 어떻게 대응했는지 그리고 그렇게 대응해 어떤 결과를 얻었는지 참고한다.

그러니까 중국사람을 상대할 때 '지금까지 이랬으니, 이번에도 일을 이렇게 처리하겠지?'라고 추측하면 빗나갈 가능성이 크다. 중국사람과 마찬가지로 중국 역사에서 지금의 상황과 가장 유사한 사례부터 찾아봐야 한다. 물론 중국 역사 외에 중국 문화 그리고 중국 고전 책도 참조해야 하겠다.

# 국가는 정책을,
# 개인은 대책을

## 개인의 권리보다는 의무를 규정하다

'위에 정책이 있으면 아래는 대책이 있다上有政策下有對策'라는 말이 있다. 중국과 이런저런 관계를 맺고 있는 한국사람이라면 모두 한 번 이상은 들어보았을 것이다. 이번에는 국가가 정책을 발표하면 중국사람이 어떻게 대책을 만들어 대응하는지 알아보자.

1980년 중국 정부는 '부부가 결혼한 후 한 명의 자식만 낳아야 한다'는 가족계획 정책을 발표한다. 그 후 2016년 중국 정부는 자식을 두 명 낳아도 된다는 새로운 정책을 시행한다. 가족계획 정책이 바뀌기 전인 2015년까지 중국사람은 자식을 한 명밖에 낳을 수 없었다. 물론 몰래 하나를 더 낳아 출생신고를 하지 않는 방법도 있고, 공개적으로 한 명을 더 낳은 뒤

벌금을 내고 출생신고 하는 방법도 있다. 하지만 이런 방법은 국가가 발표한 정책에 대응하는 대책으로는 별로다.

당시에는 몰래 둘째를 낳아, 자식이 없는 친척의 자식으로 출생신고 하는 방법도 있었다. 중국사람은 이를 '괜찮은 대책'으로 여겼다. 하지만 '확실한 대책'으로는 조금 부족해 보였다. 중국사람 사이에는 공개적으로 둘째를 낳고 합법적으로 출생신고 할 수 있는 방법이 있었다. 첫째를 낳고 출생신고를 하지 않은 채 1년 뒤 둘째를 낳아 두 명의 자식을 쌍둥이로 신고하면 된다.

한국에서 법은 '국가의 강제력을 수반하는 사회 규범'으로 해석한다. 한편 중국에서 법은 '통치를 실현하려는 의도로 만든 규칙體現統治階段的意志' 이다. 그러니까 한국에서 법이란 개인이 자신과 상대방의 권리를 보호하기 위해 지켜야 할 의무를 규정한 사회 규범이라면, 중국에서 법이란 사회질서 유지를 위해 국가가 각 개인이 지켜야 할 사항을 규정한 규칙이라는 것이다. 그래서 중국에서는 법이라고 하면 대부분의 경우 형법과 민법을 의미한다.

중국에서 '법치주의를 실현하자'는 말은 개인이 자신이 속한 조직(공산당, 국가, 직장 단위)의 규정을 엄격히 준수해야 한다는 의미다. 개인이 법에서 규정한 자신의 권리를 행사한다는 의미가 아니다. 중국에서 개인의 권리를 규정하는 법보다, 사회질서 유지를 위해 개인이 준수해야 할 의무를 규정하는 법이 왜 발전하게 됐을까?

## 기원전부터 시작돼 현대까지 내려온 국가 운영 방식

춘추전국시대에 활약한 제자백가로는 유가儒家, 도가道家 그리고 법가法家가 유명하다. 이 사상은 실제 중국 사회에 많은 영향을 끼쳤다. 그런데 한국사람은 중국 역사에 존재한 수많은 국가들이 유가의 유교 사상만 채택해 사회질서를 유지하고 통치했다고 생각하는 경향이 있다. 하지만 실상은 다르다. 중국에는 양유음법陽儒陰法, 외유내법外儒內法이라는 사자성어가 있다. 이는 밝게 보이는 외부 중국 사회는 유교 사상으로 움직이는 것 같지만, 잘 보이지 않는 실제 내부 중국 사회는 법가사상으로 운영된다는 것을 뜻한다.

중국은 기원전 한나라 시대부터 유교를 국가 통치·운영 사상으로 채택하지만, 이는 어디까지나 외부적으로 보이는 부분이었다. 내면을 들여다보면 실제로는 법가 사상으로 국가를 운영했다. 중국학자들은 이런 국가 운영 방식이 현대 마오쩌둥의 중국 공산당까지 이어져온다고 한다.

사후 세계나 세상을 움직이는 하늘의 법칙이 없다고 생각한 유교 창시자 공자는 세상일을 해결하는 이데올로기로 인仁이라는 사상과 예禮라는 실천 방법을 강조한다.

공자가 죽고 100년 후에 태어난 맹자는 인을 실행하는 방법으로 공자의 예禮 외에도 의義가 필요하다고 말한다. 맹자는 사람은 태어나면서부터 어진 마음을 가지고 있다고 한다. 하지만 이런 어진 마음이 생각에만 머문다면 아무런 의미가 없기에, 사람은 반드시 어진 마음을 따라 실제로 행동義을해야 한다며, 의롭게 행동하지 못하는 자신을 부끄러워하고, 외롭게 행동하지 않는 다른 사람을 미워하는 마음, 즉 수오지심羞惡之心이 필요하다고 한다.

태어나면서부터 사람의 마음속에 어진 마음이 있다는 성선설을 주장하는 맹자도, 사람이 이런 어진 마음을 따라 실제로 행동하는 것이 어렵다고 생각했다. 그래서 맹자는 사람이 의롭게 행동할 수 있도록, 사람에게 의義를 가르쳐야 한다고 주장한다.

맹자가 죽고 50년 후에 활동한 순자는 초나라에서 20년 동안 행정 업무를 담당하면서 국가를 운영하는 현장 경력을 쌓았다. 그러니까 공자와 맹자가 사상을 만든 이론가라면, 순자는 유교 사상을 현장에 적용한 정치가다.

순자는 이런 현장 경험을 바탕으로 '사람이란 태어나면서부터 이익과 쾌락을 추구하는 본성을 가진다'는 성악설을 주장한다. 그러면서 사람이 타고난 성질대로 행동하면 반드시 갈등이 생기고 이로 인해 결국 도덕과 질서가 어지러워져 사회가 혼란스러워진다면서 지도자는 법으로 사회를 운영해야 한다고 설파한다.

정치에서 물러난 순자는 제나라 직하학궁에서 좨주祭酒(요즘 말로 '교장')로 재직하는데 이 시기 순자에게 배운 제자가 한비자韓非子와 이사李斯다. 후에 한비자는 법가를 이론적으로 완성한다. 그리고 한비자의 법가 이론으로 진나라를 운영한 사람이 바로 이사다.

중국 최초 통일 국가 진나라에서 국가 통치 이념으로 자리 잡은 법가 이론은 한나라 한무제 시대 동중서董仲舒에 의해 통치 사상으로 완성되고 그 후 중국의 모든 나라가 국가 운영 수단으로 사용한다.

중화인민공화국은 1949년부터 중국공산당 간부학교인 중국중앙당교를 운영하는데, 이 학교의 중국학 과정에서는 한비자(법가의 교재)와 논어(유가의 교재), 노자(도교의 교재)를 교과서로 사용한다. 참고로 중국 주석 시진핑은 2007년부터 2012년까지 중국중앙당교에서 교장으로 일했다.

## 법이라는 통치 수단

중국 역대 국가(황조)가 법가 이론으로 나라를 통치하면서 법을 강조했지만, 일반 백성 입장에서는 법이란 통치자가 백성을 관리하기 위해 만든 것이지 백성을 위해 만든 것은 아니라고 생각한다. 그래서 백성은 나라의 법과 자신의 이해관계가 부딪치면 되도록 법을 피하는 방법을 강구하게 된다.

한나라 시대 정치가 동중서는 어떻게 하면 일반 백성이 법을 인정하고 법을 받아들일 수 있을까 연구한다. 한나라가 안정기에 접어들자 한무제는 전제 통치를 확고히 해 자신의 후손들이 안정적으로 한나라 황제 지위를 유지할 수 있기를 바란다. 이런 한무제의 심중을 꿰뚫은 정치가 동중서가 한무제의 입맛에 맞게 만든 사상이 바로 법가 이론을 유학으로 살짝 포장한 '신유학' 사상이다.

그래서 중국에서는 한나라 동중서가 만든 사상을 '신유학'이라 부르면서 공자가 만든 원래의 '유학'과 구분한다. 한국에는 신유학이 전해졌기 때문에 한국사람은 공자의 유학과 동중서의 신유학을 구분하지 않고 유학이라 생각하는 경향이 있다. 그러나 중국사람은 공자의 유학과 동중서 신유학은 전혀 다르다고 생각한다.

공자는 논어에서 초자연적인 하늘의 일이나 사람이 죽은 후의 일은 모른다고 했다. 하지만 한나라 한무제와 동중서는 하늘을 인정하고 하늘의 신이 황제와 대화(감응)感應한다는 '신유학'을 만든다.

동중서는 세상을 올바르게 이끌어가는 초자연적인 뭔가가 있으며, 그 초지연적인 무엇이 하늘天이라고 한다. 그래서 하늘이 세상을 관리하는데, 바로 이 하늘의 아들이 천자天子, 즉 황제라고 한다. 그러니까 황제는 사람이긴 하지만, 하늘의 아들인 천자이기 때문에 하늘의 명령을 대신해 법을 만들어 나라를 통치한다고 한다.

주위 사람들이 황제도 사람인데 어떻게 하늘의 아들이냐고 의심하자, 동중서는 음양오행설을 인용해 천인감응설天人感應說을 만든다. '황제는 하늘과 대화하며 하늘의 뜻에 따라 세상을 통치하기 때문에 그 누구도 황제의 권위를 의심해서는 안 된다'고 한다. 황제의 명령이 곧 하늘의 법이니 백성은 황제에게 무조건 복종해야 한다는 이야기다.

한비자의 법가 이론에 정당성을 더하는 방법으로 유교가 이용된 것이다. 한나라 황제 한무제 입장에서는 동중서의 이런 신유학 사상이 마음에 쏙 들었을 것이다. 그래서 한무제는 신유학을 국가의 기본사상으로 정하게 되고, 동중서의 신유학은 그 후 중국 전제사회의 전통사상이 돼 2천 년이 지난 지금까지 이어지고 있다.

## 누군가 법규를 만들 때, 누군가는 뇌물 지침을 만든다

국가 통치자가 아무리 '황제가 하늘의 아들이고 그래서 황제가 만든 법이 하늘의 법이니, 백성은 반드시 법을 지켜야 한다'고 말해도 백성이 법을 지키지 않자, 국가 통치자는 법의 권위를 세우기 위해 엉뚱한 일을 벌이기도 한다. 중국 명나라 교지와 조서(봉건시대 통치자가 신하에게 주는 임명장과 국가정책 지시서) 첫 문구는 항상 '하늘의 뜻을 황제가 전한다'라고 시작한다.

하지만 황제가 하늘의 뜻을 대신해 백성에게 명령한다는 사실을 백성들이 믿지 않자, 좀 더 적극적이면서도 희극적인 방법으로 황제의 권위를 세우게 된다. 명나라는 황제의 교지나 조서를 신하에게 전달할 때, 교지나 조서를 넣은 상자를 끈으로 매달아 승천문(현재의 중국 천안문)에서 아래로 내려 보내고, 신하는 승천문 아래에서 두 무릎을 꿇고 마치 하늘의 명을 받듯 두 손으로 받게 한다.

여담으로 승천문에서 끈에 매달린 상자를 아래로 내려 보내던 관리가 실수로 끈을 놓쳐 상자가 땅에 떨어져 깨지는 일이 발생했다. 그러자 하늘의 뜻을 제대로 땅에 전하지 못한 관리를 죽일지 살릴지 논쟁한 기록도 있다.

중국에서 신유학은 이후로도 점점 발전해 세밀한 철학으로 완성돼 개인 일상생활과 정부 행정 법규의 기본 지침이 된다. 청나라 시대 염진형이란 사람이 신유학을 기본 지침으로 하는 방대한 일상생활 도덕과 행정 법규를 13년 동안 정리해 《육선동고六典通考》를 만든다. 개인의 생활과 정부의 행정이 《육전통고》 내용대로 행해지고 시행된다면 세상은 천국이 되는 것이다.

하지만 동시대에 《뇌규略規》라는 책도 만들어진다. '뇌규'는 현대어로 '뇌물'이라는 의미다. 《뇌규》는 관리의 지위에 따라, 또 계절(연말연시, 명절)에 따라, 사업의 규모에 따라, 죄의 종류에 따라 얼마의 뇌물이 필요한지 세부적으로 일목요연하게 정리한 뇌물 금액 지침서다.

그러니까 동시대에 어떤 사람은 신유학 도덕과 행정 법전 《육전통고》를 만들고, 또 어떤 사람은 뇌물 지침서 《뇌규》를 만든 것이다. 아마도 사람들은 필요에 따라 어떨 때는 법전 《육전통고》를 또 어떨 때는 뇌물 지침서 《뇌규》를 인생 지침서로 삼아서 세상을 살았을 것이다.


## 법을 준수하려는 마음이 생기려면

유교 사서오경의 하나인 《예기》 〈곡례편〉에 '예는 서민들에게 베풀지 않고, 형벌은 사대부에 미치지 않는다禮不下庶人, 刑不上大夫'라고 해석할 수 있는 내용이 있다. 인을 실행하는 예는 일반 백성과는 관련이 없고 법을 지키는 일은 지배계급과는 관련이 없다는 말이다.

그러니까 지배계급은 예를 알기에 법이 필요 없고, 일반 백성은 예를 모르기에 법이 필요하다는 뜻이다. 그래서 중국사람은 자신이 속한 위치와 상황에 따라 법을 지킬 수도, 지키지 않을 수도 있다는 의미로 해석한다. 자신과 상대방의 권리를 서로 보호하기 위해 법이 필요한 것이 아니라 사회질서를 유지하기 위해 법이 필요하다면, 사회질서를 유지하는 것이 자신의 이익과 관련이 없다면 당연히 법을 준수하려는 마음이 생기지 않을 것이다.


## 급등하는 결혼과 이혼

마지막으로 국가의 주택 정책에 중국사람이 어떻게 대책을 만들어 대응하는지 알아보자. 중소도시에서는 어느 순간 갑자기 결혼하는 사람이 많아지는 현상이 벌어진다. 왜 그럴까?

중국에서 토지는 모두 국유다. 그래서 개인은 국가에서 빌려준 토지를 사용한다. 중국 정부는 중소도시 일정 지역을 개발해 주택을 건축할 경우, 그 지역에 거주하는 사람에게 일정 면적의 주택을 무상으로 준다. 그런데 이때 정부가 무상으로 주는 주택은 가구별 기준이 아니라 개인별 기준이다. 그러니까 가족 수가 많으면 더 넓은 면적의 주택을 받을 수 있다. 이 때문에 이런 개발 예정 지역에서는 미혼여성과 미혼남성, 배우자를 잃은 중년 여성과 중년 남성, 심지어 배우자를 잃은 노인들까지 이웃 마을 누군가와 결혼신고를 해 가족 수를 늘리는 일도 있다.

반대로 대도시에서는 어느 순간 갑자기 이혼하는 사람이 많아지기도 한다. 중국 정부는 최근 대도시에서 주택 투기 현상이 일어나자 한 가구가 한 채의 주택만 구입할 수 있는 주택구입제한정책限購政策을 시행했다. 그러자 주택 가격이 폭등하는 대도시 노년, 중년, 신혼부부들이 이혼한 뒤 독립 가구 조건을 충족시켜 주택을 한 채 더 사는 일이 벌어진 것이다. 이렇게 중국사람은 '정부 정책(법)과 개인의 대책'을 분리해 사고하고 이를 행동에 옮긴다.

# 4

# 한국과 다른 중국사람 '체면'

## 속옷은 더러워도 겉옷은 깨끗이

한국사람에게 체면은 중요하다. 마찬가지로 중국사람도 체면을 중요시하는데, 한국사람과 중국사람이 생각하는 체면은 다르다. 그래서 한국사람이 중국사람 체면을 세워줘야 할 때 한국사람이 생각하는 방식으로 중국사람의 체면을 세워주려고 하면 중국사람은 자신의 체면이 섰다고 여기지 않을 수도 있다. 오히려 한국사람이 자신의 체면을 깎았다고 생각할수도 있다. 반대로 중국사람이 선의로 한국사람의 체면을 세워 주려고 어떤 행동을 했는데 한국사람이 불쾌해지는 경우도 있다.

한국사람에게 체면은 '남을 대하기에 떳떳한 도리나 얼굴'로 정신적인 내면과 사회적인 외면을 모두 포함한다. 한국사람은 '내가 체면이 섰다'라고 할 때, 주변 사람이 자신을 인정해 주는 것도 중요하지만, 자기가 스스로를 바라봤을 때도 만족해야 한다.

중국에서는 체면을 '미앤즈面子'라고 하는데, '신체와 얼굴 즉 외면이 보기가 좋다'라고 정의한다. 그러니까 중국에서 체면이란 자신의 외부적인 모습, 즉 외부 사람이 자기를 어떻게 생각하고 바라보는지가 중요하지 자신이 스스로를 어떻게 생각하는지는 상관없다. 중국사람이 생각하는 체면이란 실제 본질과 관계없이 다른 사람에게 어떻게 보이는지가 중요하다.

'갑자기 집에 불이 나는 것은 안 무서워도, 내가 넘어지는 것은 무섭다'라는 중국 속담이 있다. 갑자기 불이 나 집이 불타 없어지는 것은 두렵지 않지만, 길에서 넘어져 옷이 더러워지면 남에게 체면을 구기게 되고 그러면 다른 사람을 볼 낯이 없어지기 때문이다. 중국사람은 남에게 보이는 겉옷(외면)이 더러워지는 것은 두려워하지만, 남에게 보이지 않는 속옷(내면)은 아무리 더러워도 신경 쓰지 않는다.

## 소설가 루쉰의 자랑

중국사람이 체면을 어떻게 생각하는지 설명하는 이야기가 있다. 《아Q정전阿Q正傳》의 작가인 루쉰魯迅의 일화다. 어느 날 루쉰이 "내가 유명한 사람을 만나 대화했다"고 말했다. 이렇게 말하면 주위 사람이 자신을 대단한 사람으로 생각하며 부러워하기 때문에 주위 사람에게 체면을 얻을 수 있다. 그런데 이를 들은 옆 사람이 루쉰에게 '그 유명한 사람이 뭐라고 했느냐'고 묻자, "그 사람이 나에게 '꺼져!'라고 말했어"라며 사실대로 전한다. 알고 보니 유명한 사람을 만나기는 했지만 만나자마자 쫓겨난 것이다.

하지만 이 사실은 중요하지 않다. 중국사람에게는 자신이 유명한 사람을 만날 수 있고 실제 만났다는 사실이 중요하다. 그러니까 그 사실을 다른 사람에게 자랑하면서 체면을 세우는 것이 중요하지, 자신이 유명한 사람을 만나 무시를 당했든 말든 상관없다. 한국사람 사고방식으로는 조금 이해하기 어렵다.


## "당신은 나에게 체면을 주지 않았다"

중국사람은 주위에 다른 사람이 있는 장소에서 자신이 잘못 한 일을 들춰내면, 상대방이 아무리 논리적이고 합리적으로 이야기한다 해도 결코 잘못 했다고 인정하지 않는다. 대신 상대방이 나에게 '체면을 주지 않아' 체면을 잃었다고 생각한다. 이렇게 되면 아무리 잘잘못이 분명한 일이라도 법정에서 다투는 외에는 해결 방법이 없다.

중국사람과 다툴 일이 생겼을 때는 당사자와 나 둘만의 공간으로 장소를 옮겨 이야기해야 한다. 시비가 분명한 일은 쉽게 해결된다. 중국사람의 잘못이 확실하더라도, 그가 주위 사람에게 체면을 잃게 하면 안 된다.

한국사람이 생각하는 체면과 중국사람이 생각하는 체면이 다르기 때문에 한국사람이 중국사람의 체면을 세워주려 할 때는 반드시 중국사람이 생각하는 체면을 세워주어야 한다. 그러니까 중국사람은 주위에 사람이 없는 공간에서는 상대방이 나의 체면을 깎아도 자신의 체면이 깎였다고 생각하지 않는다. 마찬가지로 주위에 사람이 없는 공간에서는, 상대방이 나의 체면을 세워주어도 자신의 체면이 섰다고 생각하지 않을 수 있다.

중국사람은 친구에게 좋은 일이 생기면 친구를 대신해 좋은 일을 축하해주는 자리를 만들어 주위 사람에게 그 친구의 체면을 세워준다. 한국사람이 중국사람에게 도움을 받았을 경우 고맙다고 성의를 표시하는 제일 좋은 방법은 그 중국사람이 주위 사람들에게 체면이 서게 해주는 것이다. 신세를 진 중국사람에게 보답하는 방법으로 선물을 주는 것도 좋은 방법이다. 하지만 그 중국사람의 주변 친구와 같이 식사 자리를 마련하여 이런저런 도움을 받아 고마워서 식사 자리를 만들었다고 주변 사람에게 이야기해서 당사자의 체면을 세워주는 편이 더 효과적일 수도 있다.


## 《삼십육계》가 권하는 '지상매괴'

상대방의 체면을 깎았을 때 상대방의 체면을 다시 세워주는 방법 역시 한국과 다르다. 중국사람은 '사람을 죽이면 목숨으로 보상하고, 빚을 지면 돈으로 갚고, 체면을 상하게 했으면 당연히 체면으로 배상해야 한다'고 생각한다.

중국 고전 소설《홍루몽紅樓夢》에 나오는 이야기다. 재산이 많은 남자가 두 명의 부인과 살면서 각각 첫째 부인, 둘째 부인이라고 불렀다. 남자가 첫째 부인의 시녀를 셋째 부인으로 삼으려고 하자 첫째 부인이 화가 났다. 마침 옆에 있던 둘째 부인에게 크게 화를 냈다. 그런데 사실 둘째 부인은 이 일과 아무런 관련이 없다. 그래서 둘째 부인은 여러 사람 앞에서 체면이 깎였고, 첫째 부인은 막 바로 자신이 엉뚱한 사람에게 화를 냈다는 사실을 깨달았다.

그래서 첫째 부인은 둘째 부인의 체면을 다시 세워주기 위해 둘째 부인의 동생에게 '내가 요즘 노망이 나서 자꾸 말실수를 한다'고 슬쩍 돌려 말한다. 그리고 둘째 부인의 아들에게 '내가 조금 전에 너의 어머니한테 화낼 때, 너는 어머니가 이 일과 아무런 관련이 없다는 걸 알면서도 왜 나에게 아무 말도 하지 않았느냐'라며 둘째 부인 아들을 질책한다.

첫째 부인은 둘째 부인의 동생과 아들을 이용해 둘째 부인의 체면도 세워주면서 자신의 체면도 지켰다. 첫째 부인이 둘째 부인에게 직접 사과의 말을 했다면, 첫째 부인은 자신의 체면을 지키지 못했을 것이다.

중국에서는 이러한 방식을 사자성어로 지상매괴指桑罵槐라고 한다. 전쟁에서 사용할 수 있는 서른여섯 가지 계책을 다룬 책《삼십육계三十六計》중 스물여덟 번째 계책인데, 직역하자면 '뽕나무를 가리키며 회나무를 욕한다'는 뜻이다. 상대방을 직접 비난하기 곤란할 경우 제삼자를 욕하는 척하며 간접적으로 상대방을 비난한다는 의미다. 중국 청나라 시대 소설가 조설근曹雪芹은 소설《홍루몽》에서 자신이 직접 상대방에게 미안하다고 말하기 어려울 경우 제삼자를 야단치는 방법으로 상대방에게 사과의 뜻을 전해 사신의 체면을 깎지 않으면서도 상대방의 체면을 세워주는 계책으로 서강성이 '지상매괴'를 이용한 것이다.

## 핑계를 잘 찾는 것도 능력

실제와 전혀 관계없이 외부로 보이는 체면만 세우는 경우도 있다. 1873년 청나라 동치황제 이야기다. 동치황제가 국가 의식을 거행하면서 유럽 각국 사절을 초대한다. 이때 청나라는 이미 종이호랑이로 전락하여 힘이 없었다. 그래서 유럽 사절에게 황제를 만 날 때 무릎을 꿇고 머리가 땅에 닿도록 세 번 절하라고 말할 처지가 아니었다. 유럽 사절이 '삼배구고두례'를 하지 않으면 황제의 체면이 깎이고, 그렇다고 유럽 사절에게 강제로 시킬 수도 없는 난처한 상황이었다.

다행히 이때 우두커<sup>吳可讀</sup>라는 유능한 신하가 등장한다. 그는 황제에게 유럽 사절은 개, 돼지와 같은 짐승이기 때문에 짐승에게 삼배구고두례 예를 받으면 황제도 결국 짐승이 된다며 유럽 사절이 삼배구고두례를 하지 못하게 해야 한다고 말한다. 그래서 황제는 국가 의식을 진행하면서 중국 신하에게만 삼배구고두례를 시키고, 서양 사절에게는 모자를 벗고 간단하게 묵례하는 짐승의 인사를 하라고 한다. 어쨌든 동치 황제는 주변 사람에게 황제의 체면을 지킨 것이다. 하지만 누구도 청나라 강희, 옹정, 건륭 황제는 유럽 사절에게 이미 열여섯 차례나 삼배구고두례의 예를 받았다는 사실을 말하지 않았다.

청나라 서태후와 광서 황제 시대에는 이런 일도 있었다. 1899년 서구 열강 국가의 경제 침탈로 중국 시장이 개방돼 물가가 폭등하고 세금이 가중되자, 경제적 압박에 시달린 청나라 국민이 서구열강을 몰아내자는 의화단운동을 일으킨다. 1900년이 되자 의화단은 북경에 있는 서구열상 국가 공사관을 포위한다. 서구열강 국가 공사를 추방할 힘도, 의화단을 제어할 힘도 없는 청나라 정부가 어정쩡한 태도를 보이는 사이 서구 열강 8개국은 5만 명의 연합군으로 북경을 공격한다. 다급해진 서태후는 신하와 어떻게 할지 대책방안을 논의한다.

이때 또 유능한 신하가 등장한다. 그는 요즘 중국 서쪽 서안 지방에서는 야생 동물이 민가에 내려와 피해가 크다며 야생 동물 사냥을 해야 한다고 한다. 그래서 서태후와 광서 황제는 황급히 서안으로 사냥을 떠난다. 그러고 나서 막 바로 8개국 연합군이 북경 자금성을 함락하고 약탈을 시작한다.

청나라 수도 북경이 연합군에게 함락되기는 했지만, 서태후와 광서 황제는 도망을 간 것이 아니라 사냥을 간 것이기 때문에 신하와 백성에게는 체면이 섰다. 중국에서 체면이란 내가 다른 사람에게 어떻게 말하고, 또 어떻게 보이는지다. 즉 외부적인 모습이 중요하다. 그래서 자신이 스스로를 어떻게 생각하는지, 혹은 주위 사람이 실제로 본인을 어떻게 생각하는지는 별로 중요하게 여기지 않는 경향이 있다.

6장

익숙하지만
낯선
이웃

# 1

# 한국 '유학'과
# 중국 '유학'은 다르다

## 중국에 대한 얕은 지식

중국 산동성에 있는 태산泰山은 약 2천 년 동안 중국 황제의 숭배 대상이었던 성스러운 산이기에 중국 시인과 화가들이 예술 작품 소재로 많이 사용했다. 우리나라에도 조선 시대 문신 양사언이 지은 '태산이 높다 하되 하늘 아래 뫼이로다, 오르고 또 오르면 못 오를 리 없건마는, 사람이 제 아니 오르고 뫼만 높다 하더라'라는 시조가 있다. 이 시조에서 느낄 수 있듯이, 한국에서 태산은 '높고 큰 산'이라는 의미를 가진다.

최근 중국 여행이 늘어나며 태산에 직접 오른 한국사람이 많아졌다. 태산 정상에 올라본 한국사람들은 지금까지 알고 있던 것과 달리 태산이 높지 않다는 사실에 적잖이 실망한다. 중국 태산은 높이 1천 532미터로 1천 947미터인 한라산보다 낮다. 그래서 '중국에서는 이 정도 산도 높다고 하구나!'라고 쉽게 생각할 수 있다.

하지만 중국 산이 나지막할 것이라는 추측은 잘못되었다. 중국에는 세계에서 제일 높은 에베레스트 산이 있다. 마치 백두산 천지 동쪽은 한반도에, 서쪽은 중국에 속하는 것처럼 에베레스트 산도 남쪽은 네팔에 속하고 북쪽은 중국에 속한다. 중국에서는 백두산을 '장백산'이라고 부른다. 마찬가지로 중국에서는 에베레스트 산을 '주무랑마펑珠穆朗瑪峰'이라고 부른다. '에베레스트 산'이라는 명칭은 인도 측량기사가 산 높이를 측량한 후 자신의 전임자 이름 '에버리스트'를 사용하여 산봉우리 이름을 지었다. 주무랑마펑은 티베트 사람들이 오래 전부터 사용하던 이름이다. 티베트어로 '주무'는 '여신'을 '랑마'는 '세 번째'를 뜻하며, 중국어 '펑'은 '봉우리'라는 뜻이다. 그러니까 주무랑마펑은 '티베트 세 번째 여신 봉우리'라는 것이다. 또 같은 봉우리지만 나라마다 공식적으로 인정하는 높이가 다르다. 네팔은 높이가 8천 848미터라고 주장하지만, 미국은 8천 850미터, 중국은 8천 844미터라고 주장한다. 이처럼 한국사람이 상식과 경험으로 알고 있는 중국과 실제 중국은 많이 다르다.

## 바꿀 수 없는 이웃

한국사람이 중국을 어떻게 생각하는지 알아보기 전에 먼저 한국과 중국 두 나라 사이에 변하지 않는 부분을 알아보자. 2013년 백영서 교수가 쓴

《핵심현장에서 동아시아를 다시 묻다》라는 책에 한국과 중국 두 나라가 절대로 바꿀 수 없는 사실 세 가지가 나온다.

첫째, 한국과 중국이 지리적으로 가깝다는 사실이다. 이웃집은 바꿀 수 있지만, 이웃 나라는 바꿀 수 없다는 의미다. 그래서 한국과 중국은 서로 얼굴을 맞대고 살아갈 수밖에 없다.

둘째, 한국과 중국은 국토 면적과 인구에서 차이가 크다는 사실이다. 넓은 영토와 많은 인구를 가진 중국은 한국보다 규모의 이익을 가지고 있다. 한 번에 빵 100개를 만드는 가게와 빵 1만 개를 만드는 가게에서 만든 빵 한 개의 원가 차이는 크다.

셋째, 한국에서 발생하는 사건이 중국에 영향을 주는 것처럼 중국에서 발생하는 사건도 한국에 영향을 준다는 사실이다. 의도하든 의도하지 않든, 좋든 싫든 서로 영향을 주면서 같이 살아야 한다.

일반적으로 한국사람은 중국이라는 나라에 대해 어떤 부분은 긍정적으로 어떤 부분은 부정적으로 생각한다. 한국사람이 긍정적으로 생각하는 부분은 중국이 오랜 역사와 문화를 가진 나라라는 점이다. 두 나라가 지리적으로 가깝기 때문에 중국에서 한국으로 많은 문화가 전래되었고, 그중에서 특히 유교는 한국사람 생활에 많은 영향을 주었다고 생각한다. 한국사람이 부정적으로 생각하는 부분은 중국이 공산주의 국가라는 사실이다. 한국과 다른 이데올로기를 가진 나라이기 때문에 편하게 중국을 바라보기가 힘들다. 한국사람이 생각하는 유교와 중국사람이 생각하는 유교, 그리고 한국사람이 생각하는 공산주의 사상과 중국사람이 생각하는 공산주의 사상은 어떻게 다를까.

## 성균관의 은행나무는 사실 살구나무

중국 산동성 제녕시 공자 기념관 건축물 공묘에는 공자가 제자를 가르쳤던 장소를 알려주는 행단杏壇이라는 글자를 쓴 비석이 있다. 바로 이곳이 공자가 제자를 가르쳤던 장소다. 아마도 공자는 교실을 벗어나 야외 나무 그늘에서 수업하기를 좋아했나 보다. 중국어 행단에서 행杏은 살구나무이고 단壇은 교실 교단을 의미한다. 그러니까 공자가 살구나무 아래에 교단을 만들고 그 단위에 올라서 수업을 한 것이다.

중국에서 행단이라는 단어는 공자의 사상과 유학을 교육하는 장소라는 의미가 있다. 그래서 중국 다른 도시에 있는 공자 기념관 문묘文廟에도 하나같이 살구나무를 심어 이곳이 공자 사상과 유학을 가르치는 장소라는 사실을 강조한다.

한국에서도 행단이라는 단어는 공자 사상과 유학을 교육하는 장소라는 의미가 있다. 그래서 한국에서 유학을 상징하는 최고 건물인 서울 성균관에 행단이 있다. 그런데 한국 성균관에는 중국과 달리 은행나무가 심어져 있다.

한국 성균관 은행나무 역시 이곳이 공자 사상과 유학을 교육하는 장소라는 상징적인 의미가 있다. 한국 성균관에 있는 은행나무 수령은 400년이나 된다. 그러니까 400년 전 조선 시대 유학자인 누군가가 공자 사상과 유학을 가르치는 장소라는 것을 기념하려고 은행나무를 심은 것이다.

중국에서는 공자가 살구나무 아래서 제자를 가르쳤는데, 한국에 전해 지면서 살구나무가 왜 은행나무로 바뀌었는지는 알 수 없다. 1700년 중반 조선 시대 화가 심사정이 유학의 가르침을 표현한 연비문행燕飛聞杏 그림에 는 살구나무가 그려져 있다. 그러니까 그 당시 조선 시대 사람들도 공자 의 야외수업 장소인 행단이 은행나무가 아니라 살구나무라는 사실을 알 았다는 것이다.

하지만 조선 시대에 이미 은행나무가 공자의 사상과 유학을 상징하는 나무로 인식되어 있었기 때문에 갑자기 '그것이 아니라 살구나무가 맞으 니 성균관에 심은 은행나무를 파버리고 원래 정통인 살구나무로 바꾸자' 고 하기에는 무리가 있었을 것이다. 성균관 은행나무는 현재 천연기념물 59호로 지정돼 있다.


## '나이 오십이면 지천명'

중국에 여행 가서 중국사람 생활 모습을 접한 한국사람은 중국사람보다 오히려 한국사람이 더 유교적인 사고방식으로 생활한다고 말한다. 그러 면서 중국사람이 유교를 부정하는 문화혁명을 10년 동안 겪으면서 완전 히 유교적인 생활 방식을 잃어버렸다고 한다. 결론부터 이야기하면 중국 사람은 아직도 철저히 유교 공자 말씀대로 살고 있다. 특히 공자가 말한

수직적인 인간관계와 가정 중심 생활 모습은 중국에서 한국보다 더 많이 발견할 수 있다.

'나이 오십이면 지천명五+而知天命'은 공자 말씀이다. 그런데《논어》에 나오는 지천명知天命에 대한 해석은 한국과 중국에서 전혀 다르다. 한국에서는 지천명을 '사람이 나이가 오십이 되면 우주 만물을 지배하는 하늘의 명령이나 원리를 안다'라고 해석한다. 중국에서는 '사람이 나이가 오십이 된 후에야, 내가 아무리 열심히 해도 원하는 결과를 얻을 수 없는 일이 있다는 사실을 알게 된다'라고 해석한다. 왜 한국과 중국에서 다르게 해석하게 된 것일까.

## 유학과 신유학

중국사람이 생각하는 공자의 유학 사상과 한국사람이 생각하는 유학 사상은 다르다. 어쩌면 두 나라 사람이 생각하는 유학 사상이 전혀 다를 수도 있다. 앞에서 말한 유학과 신유학의 차이 때문이다. 중국사람은 기원전 551년부터 기원전 238년까지 약 300년 동안의 공자·맹자·순자 사상을 유학이라 부르고, 그 이후 학자들이 원래의 유학에 자기의 생각을 덧붙여 발전·개량·변형시킨 사상을 신유학이라고 한다.

기원전 136년 한나라 시대 동중서董仲舒라는 사람이 공자 유학 사상에는 없는 '천인감응天人感應'이라는 자신의 이론을 덧붙인다. 그러니까 중국 신유학에는 공자가 말하지 않은 내용도 들어있고 심지어는 공자의 유학 사상과 완전히 반대되는 내용도 있다.

한국에는 신라 시대 유학이 처음 전래했지만, 유학이 본격적으로 자리잡은 것은 조선 시대다. 조선 시대 한국에 전래한 유학은 남송 시대 주희朱熹가 새로 만든 신유학 성리학이다. 한국에서는 성리학을 유학이라고 생각하는데, 중국에서는 성리학을 원래 유학에서 발전·개량·변형된 신유학 사상으로 생각한다. 그러니까 한국사람이 유학이라고 생각하는 성리학은 중국에서는 신유학으로 남송 시대 잠낀 유행한 이론일 뿐이다.

외국 사람이 중국 철학 사상을 알고자 할 때 제일 처음 읽는 책이 펑유란馮友蘭의 《중국철학소개中國哲學簡史》다. 펑유란은 1948년 영어로 이 책을 썼는데, 그 후 프랑스어·이탈리아어·스페인어·일어로 번역돼 중국에 관심 있는 세계인들의 베스트셀러가 됐다. 우리나라에도 2007년 《간명한 중국철학사》라는 제목으로 출판됐다.

작가는 이 책에서 중국 철학 사상을 총 스물여덟 개 단원으로 나누어 설명하는데, 그중 아홉 개 단원이 유교에 관한 내용이다. 그리고 유교에 관한 내용 중 한 개 단원에 한국사람이 유학으로 알고 있는 성리학이 '신유학 이학理學'으로 소개된다. 그러니까 한국사람이 생각하는 유학 즉 성리학은 중국사람이 생각하는 유학 중 아주 작은 일부분에 불과할 수도 있다.

## 문화를 받아들이는 데 열려 있는 중국사람

한국 사람이 생각하는 공산주의 사상과 중국사람이 생각하는 공산주의,

사회주의 사상에 대해 알아보자. 유학에 대한 두 나라 사람의 생각이 다른 것처럼, 공산주의 사상에 대한 생각도 다르다.

한국사람은 최근 중국의 시장경제 발전을 지켜보면서 중국이 공산주의인지 자본주의인지 알 수 없다고 한다. 중국은 공산당이 정권을 잡고 있다. '공산당'이라는 당명에서 알 수 있듯이 중국 공산당은 공산주의 사회 실현을 목표로 한다.

공산주의는 사유재산제도를 부정하고 공유재산제도를 실현하여 빈부 차이가 없는 세상을 이루겠다는 사상이다. 하지만 이론적인 공산주의는 갑자기 이루어지지 않기 때문에, 그 과정에서 개인 능력으로 일하고 노동으로 분배받는 과도기적인 사회주의가 필요하다고 한다. 그래서 중국을 사회주의 국가라고 부른다.

최근 중국 정부는 국내 경제를 활성화해 내수를 살리기 위해 국민에게 여행을 가라고 홍보한다. 그래서 주말이 되면 중국 친구들이 봄에는 꽃구경을 가고 가을에는 단풍 구경을 갔다. 지난해 가을 중국 친구를 따라 인근에 있는 산에 단풍을 보러 갔다. 단풍을 구경하면서 산길을 걷다 보니

**사진 6-1 불교 사찰 옆 그리스 조각상**
오래된 사찰에 어울리는 풍경은 아닌 듯
하지만, 중국사람에게는 그다지 큰
문제가 아니다.

오래된 절도 있고 도교 사원도 있었다. 그런데 역사가 오래된 불교 사찰 옆에 뜬금없이 그리스 신전이 불쑥 나타났다. 강원도 오대산 월정사에 갔는데, 절 입구에서 제우스 조각상을 만난 듯한 느낌이었다. 곁에 있던 중국 친구에게 "아니, 왜 불교 사찰 옆에 그리스 신전이 있느냐"고 물으니 "보기 좋으면 됐지 뭘 그런 걸 물어보냐"며 귀찮아했다.

중국에는 전체 인구의 90퍼센트를 차지하는 한족과 쉰다섯 개 소수 민족이 같이 살고 있다. 그래서 중국에는 각각의 민족 모두가 자신의 고유한 문화를 가지고 있다. 반면 한국은 하나의 민족으로 구성돼 있다고 믿는다. 한국에서는 전통 옷을 '한복'이라고 한다. 중국은 전통 옷이 쉰 종류도 넘기 때문에 특별히 '중국 옷'이라 부르는 옷이 없다. 각기 다른 이름으로 불린다.

하나의 민족으로 구성됐다는 한국에서도 지역별로, 문화권별로 나뉘어 다투곤 한다. 만약 중국에서도 이와 같은 일이 벌어지면 어떻게 될까. 아마 아수라장이 될 것이다. 싫든 좋든 다른 민족의 문화도 자기 민족 문화처럼 인정해주어야 한다. 그렇게 오래 살아서인지, 중국사람은 중국 전통문화만이 최고이고 다른 나라 문화는 중국 문화보다 못하다고 생각하지 않는다. 그러다 보니 중국사람은 다른 나라의 어떤 문화도 필요하면 가져다 쓴다.

중국 역사에서도 다른 나라 문화를 유연하게 받아들이는 모습을 자주 볼 수 있다. 당태종은 유교를 국가 운영 이념으로 하면서 정작 황제 본인은 오래 살고 싶은 생각에 노교를, 죽어서 극락에 가고 싶은 생각에 인도서 전래한 불교를 믿었다. 그래서 당나라 수도에는 유교 문묘와 도교 사원 그리고 불교 사찰 외에 아라비아 나라에서 전래한 마니교(고대 페르시아 종교) 사원과 유럽에서 전래한 경교(기독교 네스토리우스파) 예배당도 있었다.


## 중국이라는 저수지

최근에도 마찬가지다. 마오쩌둥은 중국을 통일하는 과정에서 독일사람 마르크스가 만든 공산주의 사상 문화와 구소련사람 레닌이 만든 레닌 사회주의 사상 문화를 받아들인다. 이후 덩샤오핑은 필요해서 자연스럽게 자본주의 사상 문화도 받아들였다. 중국은 다른 나라 문화가 필요하면, 유연하게 받아들인다.

중국은 다른 나라 어떤 문화든 중국 문화라는 저수지에 모두 담는다. 그리고 나서 다른 나라 문화를 중국적 전통 기반에서 재해석해 중국에 알맞게 변용한다. 인도에서 받아들인 불교는 중국에서 재해석돼 중국식 '선불교'로 변했다. 독일과 구소련에서 받아들인 '사회주의'와 유럽에서 받아들인 '자본주의'도 중국에 맞게 변용해, 중국 전통문화와 버무려 '중국 특색 사회주의'와 중국식 '사회주의 시장경제'로 만들었다.

중국에서 학생들에게 가르치는 사회주의 과목 교과서 이름은《중국 특색 사회주의 이론시스템 개요中國特色社會主義理論體系槪論》다. 그러니까 사회주의를 중국에 받아들인 후 중국 특색에 맞춰 새롭게 고친 이론을 중국 학생들에게 가르치는 것이다. 당연히 구소련 사람 레닌이 만든 사회주의 사상과는 많이 다르다.


## 사회주의도, 자본주의도 도구일 뿐

덩샤오핑이 중국에 자본주의 시장 경제를 본격적으로 도입하기 시작한 것은 1992년 '남순강화南巡講話'부터다. 남순강화란 덩샤오핑이 중국 남쪽 지방을 순방하여 행한 일련의 연설을 말하는데, 이 연설의 주요 논점은 '개혁, 개방 노선의 강화' '생산력 표준' '계획 경제와 시장 경제의 결합'이다.

　주요 논점 중 '계획 경제와 시장 경제의 결합'에서 '계획 경제'와 '시장 경제'는 완전히 다른 경제 운영 방법이다. '계획 경제'는 국가가 계획하여 한 나라의 경제를 운영하는 사회주의 경제체제이고, '시장 경제'는 자유경쟁 원칙아래 시장의 수요, 공급에 따라 한 나라의 경제를 운영하는 자본주의 경제체제를 말한다. 그러니까 '계획 경제와 시장 경제의 결합'이란 사회주의 경제 운영 방법과 자본주의 경제 운영 방법 중 좋은 부분을 취해 국가 경제를 운영하겠다는 생각인데, 덩샤오핑은 이러한 경제 체제를 '사회주의 시장 경제론'이라고 했다.

　'사회주의 시장 경제론'을 만든 덩샤오핑도 이론적으로 미진하다고 생각했는지, 보충 설명을 한다. 사회주의에도 시장이 있으며, 계획과 시장은 모두 경제적 수단이므로, 계획이 더 많으냐 시장이 더 많으냐는 사회주의와 자본주의를 구별하는 기본적인 기준이 아니라고 한다. 다른 말로 표현하면 필요하면 뭐든지 가져다 사용하겠다는 것이다.

중국에서 사회주의나 자본주의는 반드시 지켜야 할 이데올로기가 아니라, 맞닥뜨린 현재 상황을 해결하기 위한 일시적인 도구에 불과하다. 사회주의든 자본주의든 필요하면 가져다 쓰고, 필요 없으면 언제든지 버릴 수도 있다.

# 2

# 세계 최강국 청나라와
# 전쟁하겠다는 조선

## 지피지기면 백전백승

2017년 현재 미국과 중국, 한국의 경제 규모는 각각 세계 총 GDP의 25퍼센트, 15퍼센트, 2퍼센트를 차지한다. 중국의 경제 규모는 미국의 60퍼센트고, 한국의 7.5배다. 경제학자들은 빠르면 2025년 늦어도 2035년 중국 경제 규모가 미국을 앞지를 것으로 예상한다.

그래서 세계 여러 나라가 중국의 경제 발전을 부러워하며 중국을 배우려고 한다. 그런데 이상하게 유독 한국사람은 중국과 중국사람을 '짱꼴라' '짱깨' '떼놈'이라고 얕잡아 부르며 중국을 무시하면서 알려고 하지 않는 경향이 있다.

한국사람은 '상대방을 알고 나를 알면 백 번 싸워도 백 번 이긴다知彼知

己 百戰百勝'라는 말을 자주 사용한다. 이 말은 중국 손자의 《손자병법》 '적을 알고 나를 알면 백 번 싸워도 위태롭지 않고, 적을 알지 못하고 나를 알면 한 번 이기고 한 번 지며, 적을 알지 못하고 나도 알지 못하면 싸울 때마다 반드시 패한다知己知彼, 百戰不殆, 不知彼而知己, 一勝一負, 不知彼不知己, 每戰必殆'에서 유래한다.

'지피지기면 백전백승' 의미대로, 한국사람이 상대방 중국을 얕잡아 보고 알려고 하지 않는다면 한국사람이 중국사람과 상대할 경우, 최소한 한 번 이기고 한번 지거나 싸울 때마다 반드시 패할 수밖에 없다.


## 장꾸이에서 온 '짱깨', 도이놈에서 온 '되놈'

'짱꼴라'는 일제 강점기 시대 일본 사람이 중국을 얕잡아 부르던 호칭이 한국으로 건너온 단어다. '짱꼴라'는 '불결하고 더러운 뼈다귀 같은 인간'이라는 의미다. 일제 강점기 시대 일본이 한국사람에게 중국사람을 그렇게 호칭하라고 해서 한국사람이 사용하게 된 것인지, 한국사람 스스로 사용했는지는 알 수 없다. 어쨌거나 광복이 된 후에도 현재까지 사용하고 있으니 일본 제국주의 시대 잔재임은 틀림없다.

'짱깨'는 구한말 시대 우리나라에 이민 온 중국 식당 주인을 호칭하던 '장꾸이掌櫃'에서 유래한다. 중국어 '장꾸이'는 중국에서 기업 사장이나 가게 주인을 부르는 말로 욕이 아니다. 그런데 한국에서는 '가게 주인'이라는 원래 의미가 변해서 중국과 중국사람을 얕잡아 보는 호칭으로 변했다.

'되놈'이라는 단어는 유래가 오래되었다. 한국사람은 표준어 '되놈'보다 경상도 사투리 '떼놈'을 더 많이 사용한다. 한국어 사전에서 되놈은 예전에 만주 지방에 살던 만주족(여진족)을 얕잡아 부르던 말로 현재는 중국사람을 낮잡아 부르는 말이라고 설명한다.

한국사람이 언제부터 중국과 중국사람을 '되놈'이라고 얕잡아 부르기 시작했을까. 1780년 조선 시대 박지원이 중국을 여행하고 쓴 《열하일기》에 그 유래가 나온다. 하루는 조선 사신들이 묵는 숙소를 몰래 살피던 중국사람을 붙잡아 누구냐고 묻자, 조선(한국) 말을 모르는 중국사람이 나는 '도이노음이요'라고 대답한다.

조선 시대, 중국 청나라를 세운 만주족을 '도이놈'이라고 불렀다. 그래서 중국사람이 조선 사람이 자신들을 부르는 단어 '도이놈'을 기억하고 '도이노음이요'라고 대답한 것이다. '도이노음이요'에서 '도이島夷'는 한자어로 섬 동쪽 오랑캐(만주족)라는 의미이고 '노음'은 한국어 '놈'과 같은 접미사며 '이요'는 종결 어미다. 그러니까 '도이노음이요'는 '나는 동쪽 섬에 사는 오랑캐다'라는 뜻이다.

조선 시대 '만주족'을 '되놈 오랑캐'라고 부른 이유를 살펴보기에 앞서, '중화中華'라는 단어를 짚고 넘어갈 필요가 있다. 중화는 중국사람이 자기 나라가 세계 문명의 중심이라는 뜻으로 4천 년 전 하나라 시대부터 사용한 단어다. 그 후 중국 주변에 있는 나라들도 중국 문명을 받아들인 후, 자신들을 '소중화小中華'라고 부르기 시작했다. 그러니까 중국 주변에 있는 나라들이 자신들도 중국처럼 문명국이라는 의미로 사용한 말이다. 한국, 일본, 베트남에서 '소중화'라는 단어를 사용했다.

## 조선을 '소중화'로 여기던 조선인들

조선 시대 어린이들이 한자 천자문을 익힌 후에 배우는 책이《동몽선습》이다. 이 책은 1543년 박세무가 만들었는데, 그 내용은 유교의 삼강오륜과 중국 역사, 한국 역사로 구성되어 있다. 그러니까 요즘으로 치면 초등학생이 '한글'을 깨우친 후에 배우는 도덕(바른 생활), 세계사, 한국사 교과서인 것이다.

　조선 시대 초등학교 교과서인《동몽선습》에 '소중화'라는 단어가 나온다.《동몽선습》한국 역사 편에 '우리나라가 중국 문명을 받아들여, 풍속의 아름다움이 중국과 차이가 없어 중국사람이 우리를 소중화라고 부른다'는 내용이 있다. 어린 시절 서당에서 이런 내용을 배운 조선 시대 사람들은 우리나라가 중국처럼 높은 문명을 가진 '소중화' 국가라고 생각하게 된다.

　그런데 1616년 만주족이 중국 한족이 세운 명나라를 멸망시키고 청나라를 건국하자 '소중화'라는 단어의 의미가 변하기 시작한다. 명나라 한족과 조선 시대 우리나라 사람은 중국 동북쪽에 살고 있던 문명 수준이 낮은 만주족을 오랑캐라 부르며 얕잡아 보았다. 그런데 오랑캐라 부르던 만주족이 명나라를 멸망시키고 청나라를 건국해서 중국 대륙 주인이 되자,

조선 정부는 만주족 청나라를 어떻게 대해야 할지 고민하게 된다.

## 명나라와 청나라의 틈새에 서다

중국 입장에서 한반도는 태평양 해양 세력(일본)의 중국 침략을 막아주는 방어선이다. 1592년 일본이 한반도를 침략한 임진왜란이 일어난다. 그래서 중국 명나라는 조선에 원군을 보낸다. 중국에서는 임진왜란을 '항왜원조전쟁抗倭援朝戰爭'이라고 부른다. 해석하면 '중국이 일본의 침략에 대항해 조선을 도와준 전쟁'이라는 의미지만, 그 이면에는 일본이 중국 본토를 침략하기 전에 한반도에서 일본을 저지해야 한다는 의도도 있다.

어쨌든 명나라의 도움을 받아 망할 뻔한 나라를 유지하게 된 조선은 명나라에 고마운 마음을 가질 수밖에 없다. 임진왜란 후에 중국 대륙은 한족의 명나라에서 만주족의 청나라로 교체된다. 당시 조선 유교 지배층은 한족 명나라의 멸망과 함께 중국에서 '중화' 문명이 사라진 것으로 보고 조선이야말로 '중화' 문명의 정통 계승자라며 스스로 '소중화'를 자처한다. 그러면서 한족 명나라를 멸망시킨 만주족 청나라와 전쟁을 해야 한다는 '북벌론'을 주장하며, 만주족 청나라를 무시하는 정책을 편다. 이때부터 조선 사람들이 청나라와 청나라 사람 만주족을 '되놈'이라 부르며 얕잡아 보기 시작한다.

하지만 청나라와 전쟁을 해야 한다는 정책은 임진왜란과 병자호란에 제대로 대처하지 못한 조선 위정자들의 정권유지 수단일 뿐이고, 조선 정부는 1637년부터 1881년까지 435회나 청나라에 사은사謝恩使(외교사절)를 보내는 사대 외교를 한다. 사은사는 조선 시대 임금이 중국 황제에게 감사의 뜻을 전하기 위해 보내는 사절이다. 정기적으로 중국에 간 사은사도 있고, 중국 황제 생일을 축하하기 위해 중국에 간 사은사도 있다. 평균 매년 2회 정도 사은사가 청나라 황제에게 감사의 마음을 전하기 위해 중국을 방문했다.

이 당시 청나라는 세계 GDP의 3분의 1을 차지하는 경제 대국이었을 뿐만 아니라, 문화가 융성한 세계 최고 강대국이었다. 하지만 조선 정부 지배층은 자신들의 정권유지를 위해 실제로는 사은사를 보내면서 백성에게는 청나라와 전쟁을 해야 한다고 선전했고 만주족 청나라는 아무것도 배울 게 없는 오랑캐이니 무조건 무시하라고 홍보한다.

1912년 조선 사람이 '되놈'이라 부르던 만주족 청나라가 멸망하고, 중국 대륙은 한족이 세운 중국으로 변했다. 하지만 우리나라 사람은 아직도 여전히 중국과 중국사람을 '되놈'이라고 얕잡아 부르며, 아무것도 배울 것이 없는 오랑캐라며 무시하는 경향이 있다.

기원전 1,000년경 중국에는 상나라가 있었다. 상나라는 자신을 '중화'라 부르며 주변에 있는 한족이 아닌 다른 민족을 오랑캐夷라고 불렀다. 동쪽에 위치한 나라는 동쪽에 있는 오랑캐라는 의미로 동이東夷라고 불렀다.

상나라 영토는 지금의 중국 영토만큼 넓지 않았다. 상나라 영토는 중국 내륙에 국한되었다. 그래서 상나라가 '동이'라고 부르던 지역은 현재의 중국 산동성 지역과 고조선·부여(한국), 숙신·읍루(만주족), 왜(일본) 등이다.

옛날부터 중국사람은 동이를 도이島夷라고도 불렀다. 중국 사전에 '도이'는 해안과 섬에 사는 민족을 호칭하던 단어로, 한국 고대 시대 제주도를 섬나라 오랑캐라는 의미로 도이라고 불렀다고 기록되어 있다. 그러니까 우리나라 사람은 중국과 중국사람을 얕잡아 보는 단어로 '되놈(도이놈, 島夷놈)'을 사용하는데 중국사람은 해안에 접한 나라 한국이 오랑캐라는 의미로 같은 단어 '도이島夷'를 사용하는 것이다.

## 공허한 목소리

1780년 박지원은 조선국 사은사 300여 명의 일원으로 중국 열하(현재 지명 하북성 승덕(承德)) 피서산장에 간다. 원래 사은사는 북경에서 열리는 청나라 건륭제 70세 생일 축하연에 참석하기로 했는데, 건륭제가 북경에서 동북 방향으로 230킬로미터 떨어진 열하에 있어서 사은사 중 70여 명이 다시 닷새를 이동하여 열하에 도착한다.

이때 박지원은 자제군관(사은사의 자식이나 친척으로 추천받아 사은사에 참여하는 수행원) 자격으로 특별히 맡은 임무가 없고 또 나이가 사십이 넘어, 중국 북경과 열하에서 겪은 일을 비교적 객관적으로 바라볼 수 있었다. 그래서 조선으로 돌아와 세계가 변하고 있고 이런 세계 변화에 발맞추기 위해 조선에 북학 사상이 필요하다는 내용의 《열하일기》를 쓰게 된다. 박지원은 《열하일기》에서 당시 청나라의 실제 모습을 전혀 모르고 실현 가능성 없는 청나라 북벌론에 사로잡혀 있는 조선 지배세력을 풍자하며, 중국 청나라를 알고 배워야 한다는 실학사상 '북학北學'을 주장한다.

《맹자》와《노자》책에 선비의 등급을 '일류 선비' '이류 선비' '삼류 선비'로 나누는데, 일반적으로 선비 중에서 덕망을 갖추고 세상의 모범이 되는 최고의 선비를 '일류 선비'라고 한다. 하지만 박지원은 이런 등급을 반대로 뒤집어서 풍자한다.

'일류 선비'는 중국 청나라에 대한 실제 경험도 없이, 중국 청나라 사람이 머리를 깎는 변발을 한다는 이야기만 듣고 그들이 문화적 수준이 형편없는 오랑캐라고 말하는 계층이다. 그들의 주장은 명쾌해 보이지만 단순 무식하기 그지없다. 머리를 깎으면 오랑캐고, 오랑캐는 짐승과 같은 수준이니 머리를 깎은 중국 청나라는 짐승과 같은 오랑캐라고 주장한다. 그래서 중국 청나라는 배울 바가 전혀 없으니 알려고 할 필요도 없다고 한다. 그러면서 입으로만 중국 청나라와 전쟁을 해야 한다고 목소리를 높인다.

'이류 선비'는 일류 선비보다는 조금 낫다. 중국 청나라를 실제 방문하여 도시도 구경하고 그들의 생활 모습을 본 계층이다. 하지만 중국에 머문 기간이 짧기에 눈에 보이는 외면적인 모습만 보고 중국을 판단한다고 한다. 그들은 중국 모든 문화는 과거 한족의 것을 그대로 베낀 수준이라고 여긴다. 또 한술 더 떠 만주족이 중국 땅을 점거한 이래 중국에는 과거의 화려한 문화가 사라졌기에 이를 회복하기 위해 조선이 군대를 동원해 전쟁을 벌여야 한다고 주장한다.

박지원은《열하일기》에서 당시 지배계층을 일류 선비와 이류 선비에 빗대어 조선의 중국 인식을 비판한다. 조선 선비는 중국 청나라의 표면적인 모습만을 보고 오랑캐라고 폄하한다고 한다. 또 조선 선비는 중국 청나라 모습을 정확하게 보지 못할 뿐 아니라 그럴 마음도 그럴 능력도 없이 단지 말로만 전쟁을 해서 청나라를 멸망시켜야 한다는 공허한 목소리만 낼 뿐이라고 한다.

## 정신 승리로 으스대다

조선 시대 사은사가 중국에 가면 반년 정도 중국에 머물렀다. 박제가는 사은사로 네 번이나 중국 청나라를 방문했으니, 지금으로 말하면 '중국통'이다. 방문 시기도 1778년에 한 번, 1790년에 두 번, 1801년에 또 한 번, 이렇게 10년에 한 번씩 중국 청나라를 방문했으니 그 시기 중국이 변화하는 모습을 직접 자세히 볼 기회가 있었다. 더해서 박제가는 중국어와 만주어를 잘 했기에, 중국 방문기간 동안 여러 사람을 만나 직접 대화하면서 중국을 정확히 파악할 수 있었다. 이런 경험을 바탕으로 《북학의》를 썼기에 책의 완성도가 상당히 높다.

200년 전 박제가는 조선 사람이 중국 청나라를 어떻게 바라보았는지를 《북학의》에 기록했다. 조선은 만주족 청나라에게 굴욕적으로 항복한 병자호란을 겪은 뒤에도 청나라를 오랑캐라 얕보며 조선이야말로 중국 '중화' 문명을 이어받은 '소중화' 문명국이라고 으스대지만, 이것은 일종의 정신적 승리에 불과하다고 말한다.

그러면서 한 번에 300명 규모의 사은사가 중국에 가지만, 중국말을 아는 사람이 없다 보니 2천 리 길을 가며 여러 도시에 머무르면서도 지방 관리를 만나는 법이 없고 북경에 도착해서도 중국 정부와 접촉한다 해도 통역관의 말에 따를 수밖에 없다고 한다. 또 온종일 조선 사람끼리만 몰려다니다 보니 반년이나 중국에 머무르지만 중국과 중국사람을 전혀 알지 못한다고 한탄한다.

## 세계 최강국과 싸우겠다는 기개

박제가도 박지원처럼 조선 선비를 세 등급으로 나누어 설명한다. 수준이 낮은 선비는 중국 청나라 물건을 보여주면 중국에 이런 기술이 정말 있냐고 되물어본다고 한다. 중간 수준의 선비는 중국 청나라 지식 깊이가 우리만 못하다고 생각한다고 한다. 반면 높은 수준의 선비는 중국 청나라에는 성리학이 없다고 말한다며 이들 말이 사실이라면 결과적으로 중국 청나라에는 아무것도 없다는 것인데 자신이 중국에서 경험하고 느낀 바는 그렇지 않다고 한다.

박제가가 중국을 방문했던 1700년대 후반은 청나라 건륭제 시대로, 중국이 세계 경제와 문화를 이끄는 세계 제일의 초강대국이었다. 조선 선비들은 이런 중국 청나라를 얕잡아 보며 배우려고도 알려고도 하지 않았다. 오히려 북벌론을 주장하며 청나라와 전쟁을 해야 한다고 했으니 기개가 있다고 징찬해야 할지, 어리석어서 무모하다고 비난해야 할지 판단이 어렵다.

## 떠오르는 용과 맞서려면

2003년 중국 관련 비즈니스 경영 컨설턴트인 일본인 타카하시 아키라는 《중국을 움직이는 7가지 비즈니스 코드》라는 책을 발표한다. 저자는 책에서 '일본 사업가는 중국에 일본 기계를 가지고 가서 중국의 싼 원자재를 사들여 저 임금으로 생산하면 큰 이익을 얻을 수 있다는 생각을 가지고 중국에 진출한다'고 한다. 그런데 '일본 기업이 큰 꿈을 안고 중국에 상륙했음에도 불구하고 대부분이 겨우 수년 만에 맥없이 물러나는 경우를 흔히 볼 수 있다'며, 중국 비즈니스에서 성공할 수 있는 방법은 오직 '중국사람을 아는 것' 외에는 없다고 했다.

2017년 현재 중국은 세계 제조 공장에서 세계 소비자 시장으로 변하고 있다. 중국 소비자 시장 규모는 중국 GDP의 64퍼센트를 차지한다. 타카하시 아키라의 말처럼, 중국 소비자에게 물건을 팔려면 중국사람을 아는 것 외에 다른 방법이 없다.

# 3

# 6·25 전쟁을 기억하는
# 서로 다른 시각

## 적어도 부정적이지는 않은 인식

중국사람은 워낙 실용적이다 보니 다른 나라 문화가 현실 생활에 필요하거나 좋다고 생각되면 받아들인다. 그래서 1990년대부터 중국에서 한류 韓流가 유행 중이다. 그런데 '한류'라는 단어는 사실 한국에서 만든 단어가 아니라 중국 언론매체 기자가 맨 처음 사용한 단어다. 그 후 한국 언론매체와 학계에서 사용하면서 한국에서는 한국 문화산업을 해외에 수출하는 용어로 사용하고 있다.

한국사람이 중국이라는 나라에 대해 가지고 있는 가장 부정적인 기억은 6·25 한국전쟁 기간에 중국(중공)과 전쟁을 치렀다는 것이다. 만일 중국사람도 한국과 전쟁을 치렀다며 한국에 대해 부정적인 생각을 하고 있다면 중국사람이 한류를 좋아하기는 힘들 것이다.

'부인이 예쁘면 처갓집 말뚝에도 절을 한다'는 옛말이 있다. 누군가를 좋아하면 상대방의 모든 면이 좋아 보인다. 거꾸로 누군가를 싫어하면, 설혹 상대방 어떤 부분에 유능한 구석이 있더라도 그 부분이 좋아 보이지 않는다. 그러니까 중국사람이 한류를 좋아한다는 것은 최소한 한국을 싫어하지는 않는다는 뜻일 것이다.


## 중국은 한국이 아니라 미국과 싸웠다

중국사람이 6·25 한국전쟁에 대해 어떻게 생각하는지 알아보자. 한국사람은 한국전쟁 기간에 한국이 중국(중공)과 전쟁을 했다고 생각하지만, 중국사람은 한국전쟁에서 싸운 상대방이 한국이 아니라 미국이라고 생각한다. 그래서 아버지가 군인으로 한국전쟁에 참전했던 중국 친구는 필자에게 자신의 아버지가 미국과 싸우기 위해 한국에 갔다고 이야기하지 자신의 아버지가 한국과 싸우기 위해 한국에 갔다고 말하지 않는다.

중국에게 한반도는 태평양 해양 세력(일본·미국)의 중국 침략을 막아주는 방어선이다. 1592년 일본이 한반도를 침략한 임진왜란이 일어난다. 그래서 중국 명나라는 조선 한반도에 원군을 보냈다. 중국에서는 임진왜란을 '항왜원조전쟁抗倭援朝戰爭'이라고 부른다. 해석하면 '중국이 일본의 침략에 대항해 조선을 도와준 전쟁'이라는 의미지만, ㄱ 이번에는 일본이 중국 본토를 침략하기 전에 한반도에서 일본을 저지해야 한다는 뜻이 담겨 있다.

　　1950년 한반도에서 6·25 한국전쟁이 일어난다. 중국은 미국이 한국을 도와 전쟁에 참여했다며 북한을 돕는다는 명분으로 전쟁에 참여한다. 한국전쟁을 중국에서는 '항미원조전쟁抗美援朝戰爭'이라고 부른다. 해석하면 '중국이 미국의 침략에 대항해 조선을 도와준 전쟁'이라는 의미다. 여기에서 '조선'이라는 단어는 북한을 지칭할 수도 있지만, 중국은 한반도 전체 지역을 지칭하는 의미로 해석한다. 그러니까 미국이 중국 본토를 침략하기 전에 한반도에서 미국을 저지한다는 것이다.

　　그래서 중국에서 6·25 한국전쟁은 중국 밖 한반도 영토에서 미국과 싸운 전쟁으로 여겨진다. 그렇기에 한국전쟁 기간 중 참전한 중국군인 135만 명 중 38만 명이 사망·실종·부상했지만, 한국에 대해 나쁜 감정을 가지고 있지 않다.

　　또 전쟁 기간 중 미국은 비행기로 세균에 감염된 곤충을 전쟁 지역에 살포했는데, 중국 본토 동북부 민간인 지역에까지 세균이 살포된다. 그래서 중국 정부는 '미국 세균 박멸 애국 위생 운동', 즉 전염병 예방 운동을 벌인다. 이 기간 중국 동북부 지역에 살던 중국사람은 미국이 살포한 병원균 곤충에 물려 죽지 않기 위해, 매일 주변을 소독해야 했다.

　　이런 역사적 기억들이 중국 국가뿐만 아니라 중국 국민에게까지 '6·25 한국전쟁은 미국과 싸운 전쟁'이라고 생각하게 만들었다. 중국 학교 교과서에서도 이렇게 가르치기 때문에 중국 젊은이들 역시 한국전쟁 기간 중국이 한국과 전쟁을 치렀다고 생각하지 않는다. 그러니까 중국사람은 한국을 특별히 좋아하지도, 특별히 싫어하지도 않는다.

## 한류가 유행하는 네 가지 이유

중국 바이두 백과(중국 최대 포털 바이두에서 운영하는 백과 지식으로 국가 공문, 학술 문헌 등 비상업적인 자료를 기준으로 작성되는 인터넷 공용 자료)에는 중국에서 한류가 유행하는 이유를 크게 네 가지로 정리하고 있다. 첫 번째는 한국과 중국이 역사적으로 오랫동안 교류한 결과 두 나라가 비슷한 문화를 가지게 되었기 때문이라고 한다. 한국 문화가 중국사람에게 익숙하고 친숙하게 느껴지는 것이다. 두 번째는 한국 노래의 감정 표현 방법과 청소년의 개성 표출 방법 그리고 청소년이 미래에 이루고자 하는 꿈이 달라서 중국 청소년이 한국 문화를 좋아한다고 한다. 세 번째는 한국 정부의 정책적 지원이고, 네 번째는 경제적인 국민 소득 차이를 그 이유로 들었다.

중국 바이두 백과에서는 중국에서 한류가 유행하는 첫 번째 이유로 한국이 아시아 문화권에 속하고, 중국 유교 문화 전통을 가지고 있기 때문에 중국사람이 서양문화보다는 한류(한국 문화)를 좋아한다고 한다. 그러니까 중국사람이 한국 문화에서 자신들의 문화와 비슷한 점을 발견할 수 있기 때문에 한국 문화가 익숙하고 친숙하게 느껴진다는 것이다.

역사적으로 아시아에서 중국과 밀접한 관련을 맺으며 중국 문자인 한자를 받아들여 사용한 나라는 한국과 일본 그리고 베트남이 있다. 그래서 세 나라 모두 중국 유교 문화도 받아들였고 실제 생활 모습에서도 유교 문화를 발견할 수 있다. 그런데 중국에는 한국 문화가 유행하는 현상을 지칭하는 한류라는 단어는 있지만, 일본 문화를 지칭하는 '일류日本流'나 베트남 문화를 지칭하는 '베트남류越南流'라는 단어는 없다.

그러니까 단지 한국이 중국 유교 문화를 받아들여서 한국 문화가 중국 문화와 비슷하기 때문에 중국에서 한류가 유행하는 것은 아니라는 것이다. 한국처럼 유교 문화생활 모습을 하고 있는 일본 문화가 왜 중국에서 유행하지 않을까?


## 중국의 놀이로 중국을 이긴 이창호

역사적으로 중국을 침략한 이민족은 많다. 또 중국 침략에 성공해 이민족이 중국에 국가를 세워 운영한 경우도 많다. 선비족(북위), 거란족(요나라), 여진족(금나라), 몽골족(원나라), 만주족(청나라)이 중국에 침략해 국가를 세웠다. 근래에는 일본이 중국을 침략해 만주국이라는 나라를 운영했다.

이렇게 중국과 전쟁을 벌였거나 중국 한족을 지배했던 이민족이 많은데, 중국사람은 유독 일본만 나쁘게 생각한다. 그 이유는 중국과 일본의 전쟁 내용을 줄거리로 하는 영화나 연속극이 많기 때문이다. 텔레비전을 켜기만 하면 연속극에서 일본군이 중국군과 민간인을 죽이는 장면이 나온다. 게나가 일본군이 중국 여성을 겁탈하는 장면도 등장한다. 연속극에서 이런 내용을 보여주는 이유가 현재 국가를 운영 중인 중국 공산당이 과거에 일본과 직접 전쟁을 해서인지, 아니면 국가 운영 차원에서 국민을 단결시키기 위해 가상의 적을 만들어 홍보하는 것인지, 자세한 이유는 알 수 없다.

그래서 유교 문화권에 속하는 일본의 영화·드라마·노래에도 중국사람이 좋아할 만한 요소가 있는데도 일본 문화상품은 중국에서 잠깐잠깐 일시적으로는 유행하지만 한류처럼 징기긴 지속하지는 못한다.

중국에 처음 한류를 알리고, 중국 언론매체가 '한류'라는 단어를 만들어 사용하게 한 사람은 이창호 바둑기사다. 왜 중국 언론매체 기자가 한국 바둑기사인 이창호에 대한 언론 기사를 쓰면서 한류라는 단어를 만들었는지 추측해보자.

아마도 중국 기자는 중국에서 만들어진 전통 생활 놀이인 바둑을 한국사람이 배워서 오히려 중국 바둑기사를 이기는 모습에 대견함을 느꼈을지 모른다. 또한 중국 전통문화인 바둑을 세계에 알리는 한국사람 이창호가 고맙기도 했을 것이다. 그래서 이런 좋은 감정으로 한류라는 단어를 만들었을 것으로 보인다.

마치 한국 태권도를 배운 외국인이 올림픽대회에서 한국 태권도 선수를 이기고 우승하면 그 외국인이 대견하게 보이는 경우와 같은 것이다. 중국에서 한류를 계속 유행시키기 위해서는 한국 문화 중 중국 문화와 비슷한 부분에 대한 연구가 필요하다.

## 자유로운 영혼

중국사람은 한국사람이 일을 처리할 때 순발력이 있다고 한다. 중국 같으면 절차상의 문제로 오랜 기간이 필요한 일이라도 한국사람은 융통성을 발휘하여 짧은 기간 안에 처리한다고 한다.

그래서 한국 사회는 역동적이라고 말한다. 자신들이 뽑은 대통령을 탄핵하여 감옥에 보내는 다이내믹한 사회 구조를 가졌다고 한다. 더 놀라운 점은, 그런 일을 겪으면서도 사회 질서가 유지되고 폭력사태가 일어나지 않는다는 것을 보면서 한국사람이 유연하여 급변하는 사회 변화에 대처하는 능력이 뛰어나다고 평한다.

그런데 중국사람은 한국 사회와 한국사람은 역동적이지만, 한국 이데올로기와 종교는 완고하다고 한다. 완고하다는 말은 융통성이 없고 고집이 세서 자기 생각만 옳고 자기 생각과 다른 부분은 용납하지 않는다는 의미다.

중국사람은 사람이 자신의 행복과 편의를 위해 이데올로기와 종교를 취사선택하는 것이지, 이데올로기와 종교가 도그마화 하여 사람을 강제할 수는 없다고 생각한다. 그래서 한국사람이 이데올로기와 종교에 대해서는 융통성이 없다고 하는 것이다. 중국에는 사고가 자유로운 사람을 일컫는 말로 '영활성靈活性'이라는 단어가 있다. 한국어로 해석하면 '생각이 유연하다' '영혼이 자유롭다'는 의미다. 한국어에도 영활靈活이라는 단어가 있지만, 시락이나 행동이 뛰어나고 재빠르다는 뜻만 있을 뿐 '생각이 유연하다'는 의미를 담고 있지는 않다. 이런 뜻을 내포한 단어가 마땅히 없다는 것은 한국 사회가 그런 단어를 필요로 하지 않았기 때문이라고 여겨진다.

현실적인 삶을 중요시하는 중국사람은 유교든 불교든 도교든 필요할 때마다 가장 적당하다고 생각되는 종교를 가져다 쓴다. 반면에 한국사람은 자신이 믿는 신이나 초자연적인 절대자만이 자기의 모든 것을 해결해준다고 생각하기에 믿고 있는 종교 외의 다른 종교에는 관심이 없다. 그래서 중국사람은 한국에서는 사람의 행복과 편의를 위해 종교가 존재하는 것이 아니라 종교의 교리와 의례를 위해 사람이 필요하다고 생각한다.

## 버릴 수도, 가질 수도 없는 선물

《열하일기》에도 한국사람은 이데올로기와 종교에 대해서는 완고하여 융통성이 없다고 중국사람이 말하는 내용이 나온다. 청나라 건륭제 70세 생일 축하연이 열리자 세계 각국의 사신들이 참석하는데 중국 남쪽 지방에 있는 티베트의 '판첸라마'도 참석한다. 판첸라마는 달라이라마와 함께 티베트를 이끄는 라마교(불교) 종교 지도이면서 정치 지도자다.

티베트에서는 처음 만나거나 헤어질 때, 천으로 만든 긴 수건을 서로 주고받는다. 이 수건을 '합달'이라고 하는데, 합달을 라마교 예물로 쓰는 풍습이 판첸라마의 탄생 신화에서 유래한다.

'판첸'의 전신前身을 '파스파'라고 한다. 어느 날 한 여인이 물 위에 떠 있는 향기 나는 수건을 주워 허리에 두른 후 임신하여 아기를 낳았는데, 이 아기가 바로 파스파였다. 티베트 라마교에서는 종교 의례에서 파스파를 상징하는 합달을 사용했는데, 후에 티베트 일상생활에서도 합달을 주고받는 풍습으로 변했다.

청나라 건륭제는 생일 축하연에 참석한 티베트 불교 지도자 판첸라마를 위해 황제 행궁 옆에 수미복지묘須彌福壽之廟라는 불교 사찰을 건축했다. 사찰 지붕을 금 기와로 얹는 등 판첸라마를 위해 지극정성을 다했다. 또 청나라 황제 건륭제는 판첸라마를 만날 때 머리를 조아려 존경을 표하며 황자(왕자)에게도 머리를 조아려 예를 표하라고 했다.

중국 열하에 도착한 조선 사은사는 일정에 따라 황제를 만나는 등 공식 활동을 하고 있었다. 그런데 갑자기 청나라 황제가 조선 사은사에게 불교 사찰 수미복지묘에 가서 티베트 불교 지도자 판첸라마를 만나라고 한다. 청나라 황제가 특별히 조선 사은사를 생각해서 자신이 존경하는 판첸라마를 만날 기회를 준 것이다.

그런데 조선은 건국 후 유학을 기본 이념으로 나라를 운영해왔다. 그래서 유교를 숭상하고 불교를 억압하는 숭유억불 정책을 폈다. 박지원이 중국 청나라를 여행한 1780년경 조선은 유교 주자학의 나라였다. 이 당시 유교 주자학은 국가의 통치 이념을 넘어서 개인의 일상생활에까지 영향을 끼쳤다. 국가에서 실시하는 과거시험도 모두 유교 주자학 내용이었다. 그래서 어느 누구도 주자학외의 다른 종교나 이데올로기 사상을 이야기하지 못했다.

특히 유교를 대신할 수 있는 불교는 국가 차원에서 철저히 억압했다. 그래서 불교와 관련된 종교행사에 참석하거나, 불교 경전 내용을 이야기 하는 사람은 사회에서 핍박받는 정도를 넘어 매장될 수도 있었다.

이렇듯 주자학만을 숭상하고 그 외에 다른 종교나 이데올로기를 배척 하는 조선국에서 온 사은사 정사(총 책임자) 박명원은 난감한 처지에 빠진 다. 청나라 황제의 명령이니 티베트 불교 지도자를 만나지 않을 수도 없 고, 그렇디고 불교 지도자를 만난 사실이 조선에 알려지면 나중에 조선에 돌아갔을 때 자신의 처지가 위험에 빠질 수도 있기 때문이다.

엎친 데 덮친 격으로, 청나라 황제 상서(황제 비서실장)는 사은사 박명원 에게 티베트 불교 지도자를 만나서 머리를 조아리는 예를 표하라고 한다. 그러자 정사 박명원은 '머리를 조아리는 예절은 황제에게만 하는 것인데, 어찌 황제에 대한 예절을 중(불교 스님) 따위에게 할 수 있냐'며 그럴 수 없 다고 강하게 항의한다.

그러나 청나라 황제 상서는 '황제도 스승에 대한 예절로 판첸라마에게 머리를 조아리는데, 황제의 명에 따라 판첸라마를 만나는 조선 사은사가 같은 예를 올리는 게 당연하다'고 주장한다. 사은사 박명원이 그럴 수 없 다며 완강히 버티자, 청나라 상서는 모자를 벗어 던지며 '그깟 머리 한번 숙이는 게 뭐 대단하다'고 그러냐며 '더 이상 다른 소리 하지 말고 빨리 사 찰에 가서 판첸라마를 만나라'고 언성을 높인다.

## 결국 만난 판첸라마

한바탕 소동 후에 사은사 박명원은 어쩔 수 없이 수미복지묘를 방문해 판첸라마를 만난다. 사은사 박명원이 판첸라마 앞에 다가가자 청나라 군기대신(황제 보좌관)이 박명원에게 수건 합달을 건네주며, 티베트 라마 불교 의례에 따라 합달을 바치라고 한다. 얼떨결에 합달을 받은 박명원은 합달을 머리 높이로 들어 판첸라마에게 바치고 얼른 뒤돌아선다.

그러자 청나라 군기대신(황제 보좌관)이 머리를 조아리는 예를 표하라는 눈짓을 보내며 당혹해한다. 하지만 사은사 박명원은 모른 체하며 자리로 돌아와 허리를 조금 구부리는 체하면서 털썩 앉아 버린다.

의례적인 인사말을 마친 후, 수미복지묘를 떠날 때, 판첸라마는 조선 사은사에게 여러 가지 선물을 준다. 그런데 이렇게 받은 선물에 불교의 종교 상징물인 불상도 있었다. 불교 지도자 판첸라마를 만난 후 조선 사은사 일행은 회의를 연다. 첫 번째 '우리가 티베트 판첸라마를 대하는 예절이 미흡하여 혹은 청나라와 외교적인 문제가 일어나지 않을까' 하는 염려와 두 번째 얼떨결에 받은 불교 종교 상징물 '불상'을 어떻게 처리해야 하는지 하는 문제를 상의한다.

첫 번째 문제는 그럭저럭 큰 고민 없이 해결되었다. 하지만 불상을 어떻게 처리해야 하는지는 여전히 어려운 일이었다. 중국에서는 먼 길을 떠나는 여행자가 안전하기를 바라는 의미에서 불상을 주는 풍습이 있지만, 조선에서는 한 번이라도 불교와 인연을 맺으면 평생 허물이 되다 보니 해결하기가 쉽지 않았다. 생각 같아서는 얼른 불상을 버리고 싶지만, 혹시라도 중국 청나라 황제에게 알려지면 문제가 커질 같았다. 그렇다고 조선에까지 가지고 간다면 사은사 일행의 신변에 문제가 발생할 소지가 있었다. 그래서 귀국 길에 두 나라 국경인 압록강에서 궤짝에 넣어 강물에 띄워 바다로 보내기로 했다.

## 실속 없는 고집

《열하일기》 기록에는 사은사 일행이 열하에서 북경으로 돌아오자마자 불상을 조선 역관(통역관)에서 주어 버렸고, 역관은 '불상'을 팔아 말몰이꾼에게 돈을 나누어 주었다고 한다. 하지만 말몰이꾼도 이런 돈은 받을 수 없다고 난리를 떨었다고 적혀있다.

조선시대 정부의 공식기록인 《일성록日省錄》에는, 정조의 지시에 따라 사은사 박명원이 귀국 길에 평안북도 영변에 있는 사찰로 보냈다고 한다. 정조 입장에서도 아무리 청나라 선물이지만 조선국 수도 한양에 불교 상징물을 가지고 올 경우 복잡한 문제가 생길까 염려되어 미리 귀국 길에 처리해 버리라고 지시했으리라 생각된다.

중국사람은 '한국 사회와 한국사람은 역동적이지만 이상하게 한국 이데올로기와 종교만은 완고하다'고 한다. 조금 솔직하게 표현하면, 아무런 실속도 없는 곳에 쓸데 없는 고집을 부려서 헛힘을 쓴다는 것이다.

# 4

## 중국에서
## 한류가 유행하는 이유

### 도전적이고 흥이 많은 민족

중국사람이 한국사람의 특징이라고 말하는 내용을 정리해보면 '첫째로 애국심이 강하고, 둘째로 진취적이며 역동적이며, 셋째로 창조력이 있고, 넷째로 열정적이고 흥이 많다'고 한다. 중국사람이 왜 이렇게 생각하는지 '도전 정신(청소년이 미래에 이루고자 하는 꿈)' '창조력(청소년의 개성 표출 방법)' '열정적이고 흥이 많다(감정 표현 방법)'는 세 가지 주제로 나누어 살펴보겠다.

먼저 '도전 정신'에 관련한 내용부터 알아보자. 중국 샤먼 대학교廈門大學 인문대학원 교수 이중톈易中天은 중국 중앙 텔레비전 방송국인 CCTV 교양 프로그램에 출연하여 〈이중톈의 삼국지 강의易中天品三國〉라는 제목으로 삼국지에 나오는 인물을 품평하는 강의를 진행한 바 있다. 이 프로그램은 중국 전체 프로그램 시청률 5위에 오를 정도로 전 국민의 뜨거운 호응을 받았다. 그뿐만 아니라 강연 내용을 엮어 출판한 책은 2017년 현재 1천만 권이나 팔렸다고 한다. 그러니까 이중톈은 중국의 스타 강사이면서 베스트셀러 작가인 셈이다.

한국에도 그의 책 수십 권이 번역되어 출판되었다. 이중톈은 《품인록品人錄》이라는 책에서 중국 역사에 이름을 남긴 항우項羽, 조조曹操, 무측천武則天, 해서海瑞, 옹정제雍正帝 다섯 인물에 대해 자신이 어떻게 생각하는지를 썼다. 그는 조조를 품평하며 중국사람이 제갈공명과 관우는 '신'으로 섬기면서 조조는 교활하다고 비난하는 이유를 밝힌다.


## 조조, 삼국지의 진짜 주인공

삼국시대, 삼국을 통일하는 기반을 닦은 사람이 바로 조조다. 조조의 위나라에는 능력 있는 인재들이 많았다. 조조의 인재 등용 원칙은 '능력만 있으면 다 받아들이겠다'는 것이었다. 특히 조조는 관리를 뽑을 때 출신도 학력도 가문의 배경도 보지 않고 오직 실력과 효율만 중시할 뿐 형식도 따지지 않았다.

중국 문화의 전통적인 관념에 따르면 지도자가 사람을 뽑을 때 중요하게 봐야 하는 것은 인의와 충효지, 실력이나 성과가 아니었다. 오히려 능력이 평범할수록 사람이 진실하고 충성스러우며 믿을 만하다는 생각까지 있었다. 그런데 조조는 사람에게 가장 중요한 것은 능력이고 능력만 있다면, 불인不仁, 불효不孝해도 상관없다는 관점이었다.

조조의 이런 국가 인재 운영 방법은 그 당시에도 사람들에게 환영받지 못했다. 당연히 조조가 죽은 후에도 현재까지 중국사람의 정서와는 맞지 않기에 조조는 긍정적인 평가를 받지 못한다.

그래서 덕과 재능을 겸비한 제갈공명은 수많은 군사적 잘못을 범했고, 또 촉나라의 미래까지 어둡게 만든 관우는 충직하다는 이유 하나만으로 극진히 숭배를 받는다고 한다. 하지만 중국 북송 시대 시인이었던 소동파蘇東坡는 다르게 생각했다고 한다. 그가 보기에 제갈공명은 병사도 조조만큼 많지 않고, 땅도 조조보다 넓지 않으며, 전쟁에서도 조조보다 유능하지 않았으나 단 한 가지 변변찮은 충성심과 신의가 나았을 뿐이라고 한다.


## 모난 돌이 정 맞는다

이중톈은 이것은 조조의 비극이자 중국 역사와 문화의 비극이라고 한다. '재주가 없고 덕이 있을지언정, 덕이 없고 재주만 있어서는 안 된다'는 논리가 현재까지 이어졌다는 주장이다. 그러면서 중국사람은 능력을 발휘하여 무언가를 바꾸는 새로운 일에 도전하기보다는 현실에 안주하는 경향이 있다고 한다.

한국에서 스스로 넉넉함을 느끼며 살아가는 모습을 표현하는 단어가 '자족自足'이다. 중국에는 노자가 지었다고 전해지는 《도덕경》에 나오는 '지족상락知足常樂'이라는 사자성어가 있다. 지족상락은 '만족을 알면 항상 즐겁다'는 의미다. 그래서 중국사람은 자족이라는 단어보다 지족知足이라는 단어를 더 많이 사용한다. 지족의 정확한 뜻은 자신의 분수를 지키며 현재에 삶에 만족한다는 것이지만, 실생활에서는 '분수를 알고 나서지 말고 현재의 상태대로 있으라'는 소리로 통한다.

중국에는 능력이 있다고 나서지 말고 현재의 상태에 안주하라는 속담이 많다. '모난 돌이 정 맞는다' '모서리가 먼저 썩는다' '먼저 고개 내미는 새가 돌네를 맞는다' 등이다. 중국사람은 이렇게 살아기는 자신들의 모습을 명철보신明哲保身이라고 한다. 중국사람은 이 말을 '여러 원인을 살펴보고 자신을 연루시키지 말고 남과 다투지 말라'는 인생 처세술이라고 설명한다.

가정에서 부모님에게 학교에서 선생님에게 이런 교육을 받은 중국사람은 99퍼센트 이상 결과가 확실하지 않으면 잘 도전하지 않는다. 그래서 중국사람은 1퍼센트의 가능성에도 도전하는 한국사람의 모습을 보고 어떤 때는 적극적이라고 하고, 어떤 때는 무모하다고 한다.

그런데 중국사람이 '한국 사람은 도전 정신이 강하다'고 말하는 건, 중국 인구가 많기 때문이기도 하다. 중국 인구는 14억으로 한국의 스물여덟 배다. 그러니까 극단적으로 예를 들어보면, 한국사람이 대통령이 될 확률은 5천만 대 1이다. 중국에서는 5천만 대 1의 경쟁을 거쳐도 아직 28 대 1의 경쟁을 더 거쳐야 중국 주석이 될 수 있다. 그래서 중국사람은 어지간하면 현재에 만족하고 더 이상 일을 벌이는 도전을 하지 않는다.

## 세계 4대 발명품의 나라

그렇다면 중국사람은 왜 한국사람의 창조력이 강하다고 생각하는 것일까. 종이, 나침반, 화약, 활판 인쇄술을 두고 세계 4대 발명품이라고 한다. 세계 4대 발명품은 모두 중국사람이 발명했다. 여담으로 미국이 중국에 지적재산권을 지키지 않는다고 말하면, 중국사람은 '미국도 우리가 만든 세계 4대 발명품 사용료를 내라'고 한다.

최근 중국 텔레비전 방송에서는 창조를 강조하는 공익광고를 방송한다. 또 지방 자치단체에서도 창조적인 도시를 만들겠다고 하고, 일반 기업에서도 창조적인 회사를 만들겠다고 한다. 물론 학교에서도 창조적인 학교를 만들겠다고 큼지막한 포스터를 건물에 붙여놓는다. 그러니까 중국사람은 스스로 창조력이 부족하다고 생각하는 것이다. 그래서일까. 중국사람은 한국 청소년의 개성 표출 방법이 중국 청소년과 다른데, 그 때문에 중국 청소년들이 한국 문화를 좋아한다고 설명한다.

그런데 세계 4대 발명품을 발명한 중국사람이 왜 스스로 창조력이 없다고 생각하는 것일까. 중국사람은 자신들은 실생활에 필요한 실용적인 물건은 잘 만들어 이용하는데, 그 물건을 만드는 기본적인 원리는 연구하지 않는 경향이 있다고 한다. 그러면서 중국에는 세계에서 규모가 제일 큰 전자상거래 기업인 '알리바바'와 세계에서 거래량이 가장 많은 전자결제 기업인 '즈푸바오支付宝'가 있지만, 전자상거래와 전자결제 기술은 다른 나라에서 만늘었다고 한다.

## 연구보다는 복습에 가까운 공부 습관

한국에서는 학문이나 기술을 배우고 익히는 일을 '공부한다'라고 한다. 중국에서 한국어 '공부하다'라는 의미를 가진 단어는 '학습學習'이다. 학습이라는 단어는 《논어》에 나오는 '배우고 때때로 익히면 또한 기쁘지 아니한가學而時習之, 不亦說乎'에서 유래한다. '배우고 때때로 익히면 또한 기쁘지 아니한가'는 '배운 후에 배운 지식을 계속 복습하면, 사람이 기쁘다'라고 해석된다. 그러니까 배운 지식을 반복해서 복습하는 일이 공부라는 것이다. 그래서 중국에서 공부한다는 것은 배운 지식을 반복해서 복습하는 활동이지 배운 지식에 대한 자신의 생각을 연구하는 일이 아니다.

또 《논어》에서 공자는 '술이부작述而不作'이라는 말을 남겼다. 술이부작은 '옛날 사람의 지혜를 전하고, 자신의 사상을 말하지 않는다'라고 풀이된다. 그런데 공자가 왜 이런 말을 했는지 그 이유를 설명하는 방식이 한국과 중국에서 서로 다르다. 한국에서는 공자가 제자를 가르치면서 자신을 겸손하게 표현하려고 이런 말을 했다고 한다. 하지만 중국에서는 공자가 현재의 관습과 제도 방식을 깨뜨리고 새로운 것을 만드는 유신維新과 혁명에 반대해서 이런 말을 했다고 한다.

중국사람은 수천 년 동안 이런 방법으로 공부했다. 그래서 공부한 내용을 기억하고 잘 외우기는 하지만 공부한 내용을 응용하거나 공부한 내용이 맞는지 틀리는지 따져보거나 공부한 내용에 자신의 생각을 보태서 새로운 이론을 만드는 일에는 익숙하지 않다.

## 시에도 격식이 있다

마지막으로 중국사람이 한국사람을 열정적이고 흥이 많다고 생각하는 이유에 대해 살펴보자. 유교의 기본 경전을 사서삼경四書三經이라고 한다. 삼경三經은 《시경》《서경》《주역》을 말하는데 시경詩經은 중국에서 가장 오래된 시집으로 모두 305편의 시가 실려 있다. 시詩는 노래에서 시작됐다. 《시경》에 나오는 시 중 절반을 조금 넘는 160편은 중국 춘추시대 민요다. 그러니까 요즘으로 치면 대중가요 가사다.

중국에서는 춘추시대부터 엄격한 형식을 갖춰 시(노래 가사)를 지었다. 중국 최고 시인으로 우리나라에도 잘 알려진 당나라 이태백(이백)의 〈여산 폭포를 바라보며望廬山瀑布〉라는 작품이 있다. 잠시 읽어보자면 다음과 같다.

> 日照香爐生紫煙(향로봉에 햇빛이 드니 안개가 일고)
>
> 遙看瀑布掛前川(먼 곳의 폭포는 긴 강을 매단 듯하구나).
>
> 飛流直下三千尺(쏟아지는 물줄기 길이는 삼천 자)
>
> 疑是銀河落九天(하늘에서 은하수가 쏟아지는 듯하구나).
>
> — 이태백, 〈여산 폭포를 바라보며〉

이 작품은 한 구절이 일곱 글자로 된 칠언시다. 글자 수를 맞추는 것은 시를 지을 때 기본적으로 지켜야 하는 형식의 시작이다. 그리고 시의 구절 마지막 글자의 발음을 맞추는 것을 '압운'이라고 하는데, 이 작품의 첫째, 둘째, 넷째 구절의 마지막 글자가 중국어로는 '안an'으로 발음된다.

여기에 지켜야 할 것이 하나 더 있다. 바로 성조聲調다. 한국사람이 중국어를 배울 때 가장 어려워하는 것이 성조다. 중국어 글자에는 발음 외에 소리의 높낮이를 변화시키는 성조가 있다. 중국어는 같은 발음의 단어라도 성조에 따라 전혀 다른 뜻을 가진 낱말로 바뀐다. 예를 들면 '마ma'라고 발음하는 글자가 네 개媽. 麻. 馬. 罵라면 이렇게 같은 발음을 가진 글자를 구분하기 위해, 발음에 네 개의 높낮이 변화를 주어 'mā媽(어머니), má麻(삼베), mǎ馬(말), mà罵(야단치디)'로 단어를 구분한다. 한국사람은 중국사람이 성조 높낮이 발음으로 말하는 것을 듣고 목소리가 커서 시끄럽다고 한다. 하지만 중국 여성이 말하는 것을 듣고 있으면 마치 노래를 부르는 것처럼 아름답게 들리기도 한다.

중국에서 한시를 지을 때는 글자 수와 글자 발음 외에도 구절의 글자 위치에 따라 지켜야 하는 성조 형식이 있다. 중국어 성조 4개는 평성平聲과 측성仄聲으로 구분한다. 예를 들어 시의 첫 번째 구절(문장)이 일곱 글자라면, 일곱 글자는 순서에 따라 '평성, 평성, 측성, 측성, 측성, 평성, 평성'이라는 성조 순서 형식을 지켜야 한다. 그래서 한자를 많이 알고 있는 한국사람이 이런 중국시의 운율 형식을 모르고 한시를 지으면, 중국사람은 시가 아니라 산문을 썼다고 평가한다.

## 형식에 함몰된 예술

중국시(노래) 형식이 이렇게 엄격하다 보니, 중국사람은 서양 팝송을 받아들인 후, 원래 중국 노래 형식에 서양 팝송의 요소를 접목시켜 대중가요를 만드는 경향이 있다. 그래서 중국 대중가요는 서양 팝송과 비슷하기는 하지만, 서양 노래 느낌이라기보다는 중국 전통 민속악 느낌이 많이 난다. 그러니까 노래 음계는 서양 7음계를 사용했지만, 서양 팝송만이 가지는 독특한 맛이 살지 않는다. 서양 팝송이 갖는 독특한 맛이 중국 음악 예술 형식에 함몰돼 버린 것이다.

반면 한국은 서양식 팝송을 있는 그대로 받아들여 즐기면서 팝송의 독특한 맛을 이해한다. 중국사람이 '한국 노래의 감정 표현 방법이 중국 노래의 감정 표현 방법과 다르다'고 말하는 원인이 바로 여기에 있다. 중국사람은 한국 노래를 들으면서 중국 노래에는 없는, 그래서 자신이 지금까지 느껴 보지 못했던 새로운 감성에 자극받는다. 그래서 '한국사람은 흥이 많다'고 한다.

사람이 가장 적은 시간과 비용으로 쉽게 즐기는 문화 예술 활동이 노래 부르기와 노래 듣기다. 노래를 부르다 흥이 나면 춤도 춘다. 한국어 사전에서 '흥'은 '재미나 즐거움을 일어나게 하는 감정'이라고 한다. 한국에서 '흥'을 사용한 단어로는 '흥미진진하다. 흥분하다' 등이 있다. '흥'은 감정이 격해져서 기분이 좋을 때나, 기분이 나쁠 때 모두 사용한다. '흥미진진하다'는 감정 상태가 좋은 경우 사용하고, '흥분하다'는 대부분 감정 상태가 좋지 않은 경우에 사용한다.

중국어 사전에서 '흥興'은 통제하기 어려운 감정이다. 한국어와 다른 점이 있다면 흥을 대부분 긍정적 단어에서 사용한다는 것이다. 중국어 '흥

**사진 6-2 가화만사흥**
중국 가정집 대문에 집안 일이 잘되기를 바라는 문구가 걸려 있다.

분興奮'은 일상생활에서 기분이 좋은 경우에 쓰인다. 그리고 중국에서는 아는 사람이 장사를 시작하면 '생의흥융生意興隆'이나 '사업흥왕事業興旺'이라는 문구를 쓴 리본을 화분에 달아 선물한다. 위의 두 문구에서 '흥'은 일어나다, 흥하다, 세차게 타오른다는 긍정적인 의미로 쓰인다.

한국에서는 집안일이 모두 잘되라는 의미에서 '가화만사성家和萬事成' 문구를 적어 벽에 걸어둔다. 중국에서도 이런 문구를 집 대문 위에 걸어놓는데, 한국과 다르게 '가화만사흥家和萬事興'이라고 적는다. 중국 단어 '흥興'은 한국 단어 '성成'처럼 긍정적이고 좋은 의미가 있다. 왜 중국사람이 감정에서 본능적으로 나오는 흥을 긍정적으로만 사용하게 되었을까?

### '음악으로 완성된다'

중국 한나라 시대에는 사서삼경 혹은 사서오경이 아닌 사서육경四書六經이 있었다. 한나라 시대 육경은 《시경》《서경》《역경》《예기》《춘추》《악기樂記》다. 《악기》는 음악 이론을 기록한 경전인데, 음악 이론 책이 유교 경전이었다니 조금 의아하게 느껴진다.

공자는 인을 실천하는 방법으로 예악을 강조했다. 서울 종로에는 조선 시대 왕의 신위(지방)를 모시는 종묘가 있다. 조선시대 왕이 종묘에서 조상에게 제사를 지내면서 연주하는 음악을 '종묘제례악'이라고 한다. 그러니까 조선 시대 왕이 종묘를 방문해 조상에게 제사를 지내면서 유교의 인을 실천하는 방법으로 예악을 행한 것이다.

공자는 음악을 좋아했다. 단순히 좋아한 것이 아니라 음악이 굉장히 중요하다고 생각했다. 그래서 유교 경전 육경에 음악 이론 책인《악기》를 포함한다. 공자가 음악을 얼마큼 좋아했을까. 그리고 음악이 왜 중요하다고 생각했을까.

공자는 30대 중반에 이웃 제나라를 방문해 한동안 머물렀다. 그 당시 제나라는 외국 손님을 접대하는 연회 자리에서 주나라부터 전해 내려오는 소악韶樂을 연주했다. 공자는 제나라에서 이 전통 음악을 듣고 감동한다.《논어》〈술이편〉에 따르면 공자가 제나라에서 소악을 듣고 배우는 석 달 동안 고기 맛을 잊었다고 기록되어 있을 정도다. 밥 먹는 것도 잊어버린 채 음악에만 빠져버린 것이다. 그러면서 공자는 "지금까지 음악이 이렇게 아름다운지 몰랐다"고 말한다. 그러니까 그때까지 공자는 음악이 그렇게까지 사람의 마음을 울리는 힘이 있다는 사실을 몰랐던 것이다.

공자는《논어》〈태백편〉에서 '시詩로 시작하고, 예禮로 서고, 악樂으로 완성한다'고 했다. 공자의 인仁을 실천하기 위해서는 먼저 인仁이 무엇인지 알아야 한다. 인仁이란 이런 것이라고 쓰여 있는 책이 시경詩經과 서경書經이다. 그래서 공자는 먼저 시경과 서경을 공부해서 인仁이 무엇인지 알라고 한다.

그런 다음 인仁이 무엇인지 알았으면, 아는 데 그치지 말고 행동으로 실천하라고 한다. 이렇게 인仁을 행하는 방법이 예禮다. 그러니까 인仁을 이론적으로 공부하고, 공부한 내용을 실제 행동으로 실천하는 것을 예禮라고 한다. 그래서 공자는 '시詩로 시작하고, 예禮로 선다'라는 말을 남겼다.

인仁을 행하는 예禮는 단지 외면으로 보이는 모습이다. 사람이 겉으로는 예禮를 행하지만, 마음속에 어떤 생각을 하고 있는지는 알 수 없다. 그래서 공자는 인仁을 행하는 방법으로 외면적으로 보이는 예禮의 모습뿐만 아니라 내면의 실재 마음이 더 중요하다고 생각했다. 논리적인 이론으로 사람의 마음을 움직일 수도 있지만, 사람의 실재 마음을 움직이려면 감정에 호소하는 게 더 효과적이다.

공자는 사람의 마음속 감정에 호소하는 방법으로 음악을 생각했다. 그래서 인仁은 예악禮樂으로 행한다고 말하면서, 인仁은 '시詩로 시작하고, 예禮로 서고, 악樂으로 완성한다'고 했다. 그러니까 인仁이라는 이데올로기를 사람에게 이론적으로만 공부시키는 게 아니라, 음악으로 사람의 마음속 감정까지 장악하겠다는 것이다. 완벽한 세뇌다.

공자의 이런 생각에 따라 유교의 기본 사상을 기록한 사서육경에 음악 이론을 기록한 책《악기樂記》가 포함된다. 그런데 이러다 보니 악樂, 즉 예술이 유교 사상의 교육 수단이 되어버렸다. 그래서 중국에서는 예술이 그 자체로 자유롭게 발전하지 못하고, 유교라는 이데올로기 전파 도구가 되어 버렸다. 그러니까 유교 이데올로기의 테두리를 벗어나는 예술 활동은 가능하지 않았던 것이다. 현재 중국 이데올로기는 사회주의다. 중국에서

예술 활동은 현재 중국이 필요로 하는 사회주의라는 이데올로기의 도구
일 수 밖에 없다.


## 한국사람의 폭발적인 에너지

음악은 사람의 본능을 자극해서 감정을 일으키고 격해지면 흥이 나게 한
다. 이렇게 자신도 모르게 본능적으로 나오는 흥은 억제할 수 없다. 하지
만 공자는 '시로 시작하고, 예로 서고, 악으로 완성한다'고 했다. 공자 입장
에서는 음악을 듣거나 부르면서 본능적으로 나오는 감정(흥)이 어떤 모습
을 보일지 걱정됐을 것이다. 그래서 흥을 긍정적인 단어로 만들어 '흥이
나서 본능적으로 행동하지 못하게 했을 것'으로 추측된다. 또 공자의 유교
사상을 통치 이념으로 하는 중국 통치자 입장도 마찬가지였을 것이다.

　죽은 사람을 기리는 장사 풍습에서도 이런 모습을 발견할 수 있다. 자
식은 부모님이 돌아가시면 본능적으로 자신도 모르게 땅바닥에 털썩 주
저앉아 크게 소리 내 울어야 한다. 하지만 유교 가례에서는 부모가 죽으
면 일단 슬픈 감정을 표현하기 전에 상복을 입은 후 지팡이를 짚고 곡조
에 맞추어 곡哭(슬픈 노래)을 해야 했다. 자식이 지팡이를 짚는 이유는 너무
슬퍼서 서 있을 힘도 없다는 점을 보여주기 위해서다.

　이렇게 수천 년을 생활해서인지, 중국사람은 노래를 부르면서 자신이
통제 가능한 감정(흥)까지만 표현한다. 그러니까 자신의 감정을 폭발시키
지 못하는 것이다. 반면에 한국사람은 노래를 부르면서 자기 자신을 잊어

버릴 정도로 흥이 나서 감정을 발산한다. 한국사람은 노래를 부르면서 거의 광란 상태에 빠질 정도로 노래에 몰입한다.

중국사람이 중국에서 한류가 유행하는 이유로 말한, 한국 노래의 감정 표현 방법이 중국 노래의 감정 표현 방법과 다른 원인이 바로 여기에 있다. 중국사람은 한국 가수 노래를 들으면서 중국 노래에는 없는, 그래서 자신이 지금까지 느껴 보지 못했던 새로운 감성을 자극받게 된다. 한국 가수기 감정에 빠져 자신이 무엇을 하는지도 모르는 상태로 노래 부르는 모습에서 새로운 감성을 느낀다. 그래서 중국사람은 한국 사람이 흥이 많아 잘 놀기도 하지만, 무슨 일이든 한 가지 일에 몰두하면 끝까지 열정적으로 최선을 다하는 한국 사람 모습을 보고 한국 사람이 대단하다고 말한다.

# 중국은
# 쉽게 변하지 않는다

## 외교 마찰로도 막지 못한 문화 교류

2017년 초 한국이 사드를 배치한 후 한국과 중국 사이의 경제 · 문화 교류가 위축됐다고 한다. 2017년 말 한국과 중국 양국의 사드 합의문 발표 이후, 사드 배치로 야기된 두 나라 사이의 불편한 관계가 해소되는 모습을 보이고 있지만 많은 사람이 두 나라 사이의 경제 · 문화 교류가 사드 설치 이전과 같은 모습으로 돌아가기는 어렵다고 한다.

한국의 사드 배치로 중국과 외교 마찰이 시작되면서 중국과 관련된 한국 산업 몇 개 분야에 어려움이 있었다. 중국과 관련된 산업 부분 중, 가장 타격이 큰 부분은 문화 교류, 여행 산업 분야였다. 중국사람이 한국 문화와 한국 여행에 관심을 갖게 된 것은 1990년 말부터 중국에서 시작된 한류의 영향에서 비롯된다. 중국에서 한류가 없었다면, 그래서 중국사람이 한국 문화에 관심이 없었다면, 한국 문화를 소비하지도 않았을 것이고 또 한국에 여행 오지도 않았을 것이다. 더 나아가 중국 소비자가 한국에서 생산한 생활용품을 구매하지도 않았을 것이다.

사드 문제로 중국과 외교 마찰을 겪는 동안, 외부로 드러나는 한국 문화와 한국 여행 소비는 감소했다. 하지만 중국 소비자가 외부로 드러나지 않게 구매하는 한국 생활용품의 소비량은 줄지 않았다. 어떤 사람은 사드 제제 기간 중국에서 한국 문화와 한국 여행 소비가 감소했다는 사실만 보고, '이제 중국 사람은 한국 문화에 관심이 없고, 중국에서 한류가 사라졌다'고 진단하기도 한다. 하지만 중국의 사드 제제 기간에도 중국에서 한류는 계속됐다. 사드 제제 기간 중국 사람들이 한류를 어떻게 소비했는지 알아보자.

한중간 사드 마찰이 발발한 이후, 중국 정부는 드러나지 않게 중국 사람에게 한국 상품을 구매하지 말라고 권했다. 그래서 중국 공중과 매체는 한국 노래와 드라마를 내보내지 않았다. 2017년 6월은 중국 정부가 중국에 있는 한국 롯데마트를 가장 압박하던 시기다. 그러나 중국 정부가 언론 매체를 이용해 한국의 사드 배치를 비난하는 와중에도 중국사람은 한류를 소비했다.

2017년 6월 2일부터 22일까지 3주 동안 한국 가수 권지용의 앨범은 중국 음악 앱(큐큐뮤직)에서 중국 노래를 제치고 판매 순위 1위를 차지했다.

2017년 12월 현재 가수 권지용의 앨범 음원을 구매한 중국 소비자는 130 만 명으로, 중국 큐큐뮤직앱 누계 판매 순위 5위다. (심지어 권지용이 속한 그룹 빅뱅 앨범은 누적 판매 순위 4위다.)

큐큐뮤직앱에서 판매하는 음원 파일에는 별도의 락(잠금 장치)이 걸려 있지 않다. 중국에서는 한 사람이 음원 파일을 구입하면, 여러 사람이 파일을 복사해서 들을 수 있다. 그래서 실제 자신의 휴대전화에 가수 권지용의 노래를 저장해 듣는 중국 사람은 아무리 적게 잡아도 수천만 명은 넘을 것으로 추측된다.

## 중국사람 감성을 자극하는 한국 문화

한국 정보통신정책연구원KISDI이 2017년 10월에 발표한 〈KISDI스탯리포트〉 중 '한국인 유료콘텐츠 구매 조사 자료'에 따르면 음악 유료콘텐츠를 유료로 구입하여 사용하는 비율이 4.9퍼센트에 불과하다고 한다. 그러니까 한국사람이 휴대전화에 저장해서 듣는 MP3 노래 파일 중 4.9퍼센트만 돈을 내고 산 것이고 나머지 95퍼센트는 비공식적인 방법으로 다운 받아서 사용하고 있다는 것이다. 이 비율을 중국에 유료로 다운된 가수 권지용의 앨범 130만 회에 적용해 보면, 중국사람 2천 600만 명이 자신의 휴대전화에 가수 권지용의 노래 파일을 저장해서 듣고 있다고 추측할 수 있다.

중국 인구가 많기는 하지만 2천 600만 명은 적은 숫자가 아니다. 가수 권지용을 좋아하는 중국 사람은 중·고등학교 및 대학교에 다니는 여학생이 주를 이룬다. 물론 그들이 젊은 시절 잠시 유행가를 좋아하는 일시적인 현상이라고 생각할 수도 있다. 하지만 중국 젊은 여성들이 좋아하는 가수 권지용의 노랫말이 한국말이기에, 그들은 가수 권지용이 한국사람이라는 것을 알고 있다. 감수성이 예민한 시기, 자신도 모르는 사이에 가수 권지용의 노래를 좋아하는 것처럼 한국이라는 나라에 좋은 이미지를 가지게 될 수도 있다.

2016년 중국통계연감 자료를 살펴보면 15세에서 24세까지 여성 인구는 8천 300만 명이다. 그러니까 중국 젊은 여성 3분의 1이 한국 가수 권지용을 알고 있고, 그의 한국말 노래를 듣는다고 추정할 수 있다. 한국이나 중국이나 팬들은 관심 있는 아이돌 가수를 단순히 좋아하는 수준에서 멈추지 않는다. 그 아이돌을 둘러싼 여러 가지 배경에 주목할 수밖에 없는데, 이 과정에서 중국 젊은이들은 한국이라는 국가에 대해 호의적인 이미지를 갖게 될 가능성이 크다.

하지만 이들이 10년 뒤에는 구매력 있는 소비자가 된다. 가수 권지용에서 시작된 한국에 대한 호감은 10년 뒤에 한국 상품 구매로 이어질 수 있다. 그리고 이런 한국 상품 구매 행위는 이들이 구매 능력을 잃을 때까지 수십 년간 지속할 것이다. 가수 권지용의 미래 한국 상품 광고 효과를 금액으로 산정한다면 수천억 원을 넘어 수조 원 이상의 가치가 될 수도 있다.

## 1천만 명이 넘게 시청하는 한국 드라마

2017년 9월, 한국 방송국 SBS에서 수목드라마 〈당신이 잠든 사이에〉를 방영하기 시작했다. 같은 해 10월부터 12월까지 이 드라마 OST는 중국 큐큐뮤직에서 판매 순위 2위를 했으며, 2017년 말까지 이 OST를 구매한 중국 소비자는 160만 명이다. 〈당신이 잠든 사이에〉 OST MP3 파일 판매 숫자를 근거로 이 드라마를 시청한 중국사람은 아무리 적게 잡아도 1천만 명은 될 것이라 여겨진다.

〈당신이 잠든 사이에〉를 시청한 중국사람이 1천만 명 넘었을 것으로 추정하는 이유는 여러 가지다. 중국사람은 중국 휴대전화 앱 한쥐TV韓劇TV 프로그램을 이용해 한국 드라마를 본다. 한쥐TV는 한국에서 방송되는 거의 모든 드라마에 중국어 자막을 넣어, 한국 방영일 다음날부터 모든 사람이 볼 수 있게 제공한다.

한국에서 삼성이나 엘지 휴대전화를 구입하면, 휴대전화에 제품 생산 회사가 설치한 앱 다운 프로그램이 있다. 마찬가지로 중국에서 생산된 휴대전화에도 제조사가 설치해놓은 앱 다운 프로그램이 있다. 중국사람들은 이 프로그램을 이용해 필요한 앱을 내려받는다.

비보VIVO는 2017년 상반기 중국 국내 휴대전화 판매 점유율 17.7퍼센트를 기록한 중국 휴대전화 생산회사다. 비보VIVO 휴대전화에는 '연건상점軟件商店'이라는 앱 다운 프로그램이 설치돼 있는데, 2017년 12월 현재 연건상점을 이용해 한국 드라마 시청 전용 앱 한쥐TV를 내려받은 건수는 종 3천 380만 건이다.

비보 휴대전화의 시장 점유율(17.7퍼센트)을 근거로 전체 한쥐TV 앱 다운 건수를 역추적하면, 중국사람이 사용하는 휴대전화 약 2억 대에 한국드라마 시청 전용 한쥐TV 앱이 설치된 것으로 추정할 수 있다. 물론 휴대전화를 교체해 앱을 다시 설치하는 경우도 있고, 앱 프로그램 업그레이드로 다시 설치하는 경우도 있을 수 있다.

자신의 휴대전화에 한쥐TV 앱을 설치한 모든 사람이 한국 드라마 〈당신이 잠든 사이에〉를 시청하지는 않을 것이다. 하지만 설치 건수의 5퍼센트만 감안해도, 1천만 명이 넘는 중국사람이 한국 드라마 〈당신이 잠든 사이에〉를 봤다는 계산이 가능하다. 중국의 사드 제제 기간에도 가수 권지용의 노래와 SBS 드라마 〈당신이 잠든 사이에〉는 중국사람들에 의해 소비되었다. 한류가 활성화되진 못했지만, 지속했다는 것은 사실이다.


## 중국은 쉽게 변하지 않는다

2016년부터 중국 정부 정책에 따라 중국사람들은 본격적으로 소비 행위를 이어가고 있다. 중국사람이 한국 상품을 구매하는 데는 여러 요인이 있다. 어떤 요인이 가장 중요한지는 정확한 자료가 없어 알 수 없지만, 중국 소비자가 실제로 한국 상품을 구입하기 전에 한국 상품에 흥미를 갖게 하는 가장 큰 요인은 한류임이 분명하다. 중국에서 한류는 단순히 한국 문화를 소비하는 행위가 아니라, 중국 소비자로 하여금 한국 제품을 구입하게 하는 촉매제, 연결고리라고 할 수 있다.

중국사람은 중국 정부의 사드 제제 기간에도 변함없이 한류를 좋아하고 계속 소비했다. 중국사람이 한류의 어떤 요소를 좋아하는지 그리고 중국사람이 좋아하는 한류의 요소를 중국 소비자 맞춤 콘텐츠에 사용한다면 중국에서 한국 상품 마케팅 효과는 극대화될 수 있다.

이 책에서는 먼저 중국사람의 사고방식과 행위양식이 한국사람과 어떻게 다른 지 살펴보고, 그 다음으로 한국사람이 생각하는 중국과 중국사람 그리고 중국사람이 생각하는 한국과 한국사람에 대해 알아보면서 중국사람이 왜 한류를 좋아하는 그 이유에 대해서도 알아보았다.

중국사람은 한국사람이 첫째 도전 정신이 강하고 둘째 창조력이 높고 셋째 열정적이며 흥이 많다고 한다. 그러니까 중국사람이 한국사람을 이렇게 바라본다는 것은 거꾸로 중국사람은 위의 세 가지 부분에서는 한국사람이 중국사람보다 낫다고 생각한다는 것이다.

기술 수준의 격차는 짧은 기간 내에 변할 수 있다. 불과 40년 전만해도 어느 누구도 한국이 일본의 기술 수준을 따라 잡을 거라고 생각하지 못했다. 앞으로 중국 기술 수준이 한국을 따라 잡는 것을 넘어 앞설지도 모른다. 하지만 수천 년 걸쳐 축적된 사람의 사고방식과 행위양식은 쉽게 변하지 않는다. 중국사람이 생각하는 한국사람의 강점을 어떻게 극대화하여 중국에 맞설지는 한국사람에게 달렸다.

# 중국사람 이야기

초판 1쇄 발행 · 2018년 1월 1일

지은이 · 김기동
펴낸이 · 김동하

펴낸곳 · 책들의정원
출판신고 · 2015년 1월 14일 제2015-000001호
주소 · (03955) 서울시 마포구 방울내로9안길 32, 2층(망원동)
문의 · (070) 7853-8600
팩스 · (02) 6020-8601
이메일 · books-garden1@naver.com
블로그 · books-garden1.blog.me

ISBN 979-11-87604-43-3 (03320)

· 이 도서의 국립중앙도서관 출판예정도서목록(CIP)은 서지정보유통지원시스템 홈페이지
  (http://seoji.nl.go.kr)와 국가자료공동목록시스템(http://www.nl.go.kr/kolisnet)에서 이용하
  실 수 있습니다. (CIP제어번호 : CIP2017034835)